Esperando a hora da Stella

2016

MARIA DOLORES WANDERLEY

Esperando a hora da Stella

POEMAS, CONTOS, CRÔNICAS,
COLAGENS, FOTOGRAFIAS

COPYRIGHT © 2016 MARIA DOLORES WANDERLEY

COORDENAÇÃO EDITORIAL Renato Rezende
CAPA E PROJETO GRÁFICO Rafael Bucker e Luisa Primo
DIAGRAMAÇÃO Luisa Primo
REVISÃO Leandro Salgueirinho

Dados Internacionais de Catalogação na Publicação (CIP)
(Câmara Brasileira do Livro - SP, Brasil)

Wanderley, Maria Dolores
Esperando a hora da Stella
1ª ed. - Rio de Janeiro: Editora Circuito, 2016.

ISBN 978-85-64022-92-8

1. Arte-Brasil 2. Fotografia 3. Literatura

15-09944   CDD-709.81

Índices para catálogo sistemático:
1. Brasil: literatura: fotografia

EDITORA CIRCUITO LTDA.
Tel. 21 981248891
www.editoracircuito.com.br

"A memória é a única máquina do Tempo a que temos acesso sem o auxílio da ficção científica."

Para Stella Jimenez

Se você, que está me lendo neste instante, imagina que sou nordestina e vim para o Rio de Janeiro em busca de sobrevivência, e de sucesso na vida, devo dizer que você está certo ou certa. Sou uma espécie de Macabéa dos tempos atuais.

Poderia acrescentar, também, que passo seis horas da minha semana esperando a hora da minha analista, de nome Stella... Isto, considerando o tempo que passo no trânsito até o consultório, duas vezes por semana, já há alguns anos; e que, nesses momentos, reflito sobre a minha vida e o que fazer para sobreviver e alcançar o sucesso no Rio de Janeiro.

Enfrentar uma cidade grande, repleta de edifícios com elevadores e códigos que não consigo apreender, não é fácil. Um exemplo pueril é que nunca sei exatamente em que tecla apertar para ir para o andar térreo. Na maioria das vezes, há duas opções: descer ou subir. E lá vem a dúvida atroz: eu ou o elevador? Se for o elevador, eu terei de olhar o andar em que ele está para dar o comando. Se a pergunta for feita para mim, aí será mais fácil. Mas eu nunca acho que existem caminhos fáceis, por isto, na imensa confusão que se instala na minha cabeça, aperto os dois botões, espero o elevador parar, a porta se abrir, e pergunto: sobe ou desce?

MÚLTIPLOS VAZIOS

Fugindo das alucinações,
ponho óculos de grau.
Reparo que algumas coisas desaparecem.

Aquela senhora de semblante indígena
anda comigo desde sempre,
a menininha magra, feia e coquete, também.
Talvez queiram me dizer algo.

Tento me aproximar,
mas elas se esgueiram
entre os maços de papéis que escrevo.

Talvez elas queiram dizer
que existem outros caminhos,
outras cidades, outro tempo.

Ou apenas que eu aceite os múltiplos vazios
do meu pensamento.

A FESTA CALEIDOSCÓPICA DA MEMÓRIA

O tempo é uma espiral que engole sonhos.
Dele saltam descompassadamente
a camisola rasgada, um colarzinho de contas,
o medo de adolescer.

Em sua margem giramos,
eu e meu pai. Ora estamos alegres,
ora estamos tristes.

Minha mãe insiste
em dançar sem música.

Todos seguramos um véu.

Incólume, o tamarindeiro
do pátio da escola,
as minhas mãos crescendo.

Viver numa cidade do tamanho do Rio de Janeiro pode implicar conhecer trajetos de ônibus que usamos diária ou eventualmente.

Ainda recém chegada na cidade, sem noção das distâncias, e admiradora do samba carioca, fico sabendo que Clementina de Jesus fará um show no final de semana. Sem mais cuidados, pego um ônibus que me levará ao local do show: Marechal Hermes. De olho no endereço, vou satisfeita cidade adentro. Ansiosa, começo a perceber que nunca chego ao local do teatro. Relevando o medo que estou sentindo, continuo sentada por um bom tempo até que, subitamente, o ônibus pára. Fico sabendo pelo motorista que ali é o ponto final. Desço do ônibus meio zonza, procurando pelo teatro que descubro ser um "espaço cultural" do bairro. Um pouco decepcionada, me recomponho e assisto ao show delicioso de Clementina, mesmo sem a calma necessária para curti-lo. Volto por um trajeto igualmente sinuoso e finalmente chego à Praça Saens Peña, onde moro. Só tenho a noção real da aventura que realizei quando a conto para a amiga com quem divido apartamento.

A CIDADE

Meninos voam dentro da brisa
silenciosos

Rotas se formam
sobre a mata, pedras, mar
e seus suores

Eles tocam
os minúsculos edifícios
na planta aberta da cidade

Amam o dia

Ancoram na praia
e não se aventuram
na escuridão

OS TÚNEIS

Dentro da montanha
o tempo cristalizado
— silêncio, pedra —

Fora, movem-se
seiva, sol e automóveis

De um lado
um mar safira
extasia surfistas e uns poucos inocentes

Do outro, flores saem das mãos
de chorões e sambistas

Muitos atravessam as montanhas
na cidade do Rio de Janeiro

Nas portas dos túneis há pivetes armados

O Centro

Nas cercanias da Candelária
e dos Arcos da Lapa
não há tempo para sofrer

Salas cuidadas e silenciosas
guardam livros de poetas
espanhóis

Límpidos chãos de mármore
mostram pinturas
de Dali

Cânticos são entoados
intermitentemente
em capelas

Em meio à algazarra
da bolsa de valores,
buzinas, bares, buchichos,
à polícia, aos pivetes

Tudo pode acontecer
entre a Candelária
e os Arcos da Lapa

um tiro, um canto lírico
uma cerveja gelada

AQUI

> *Todos os relógios são nuvens*
> MICHAEL PALMER

Onde os relógios são nuvens
e os minutos esticam-se
— interminável carretel —

Para incluir um café
outra conversa,
no meio do dia

Onde os relógios se movem a sol

e nos regulam
como bromélias, heras
jequitibás
ipês

espalhados pelos muros
paralelepípedos
asfalto

CERCO

O ar de Copacabana está parado
todos estão atentos ao menor ruído
há silêncio sobre as cabeças
todos estão atentos ao menor estampido

As portas do sol estão fechadas

O ar de Copacabana treme
os morros podem se derramar
sobre a cidade

em caldo espesso de miséria e violência

OS MALABARISTAS

Eles lançam bolas pro alto
em círculos, elipses coloridas
tentando juntar
— sincronicamente —
as bolas muitas às duas mãos

no tempo exato
em que o semáforo
reúne a platéia
sob um céu aberto
e eu admirada
lhe ofereço um trocado

Espetáculo cruel

Arremessadores de navalhas
procuram participantes
para seus números

Não hesite
feche rápido o vidro do carro

CEIA

Mãos acordadas repartem o pão
à meia noite
na Avenida Rio Branco

Aflitos amontoam-se surdamente
para receber sacolas

É Natal

Todos estão precavidos

Uns com facas
outros com pressa

Paralelo 23°, Meridiano 44°

Janeiro, Fevereiro, Março

Estrelas hesitam
nas retinas dos habitantes
do Rio de Janeiro

Não são sóis vindos de longe
para banhar-se nestas praias e lagoas
é o nosso próprio Sol
brincando mais tempo
com ôndulas e marolas

Raios mais inclinados alongam os dias

Circulam belos corpos semi-nus

Vendedores de mates e outros gelados
cremes hidratantes, protetores uv
estão vivos

A serotonina é o combustível de todos

O que parecia parado – gira –
numa dança diurna e coletiva

O Arcano Treze

A qualquer hora ele pode chegar
sem rosto, sem nome
solerte, traiçoeiro

Tento me concentrar nos nanofósseis
Chego a preparar aulas, liberar boletins,
responder mensagens ao computador

Desligo o rádio
Me empenho nos problemas amorosos
sabendo que não há solução

Tomo um café
falo sobre música, cinema, poesia
coisas que aliviam

mas não o desnorteiam

Estou na Ilha do Fundão, onde faço um curso de pós-graduação na Universidade. Terminada a aula, vou pelo corredor do bloco A, próximo ao Centro de Tecnologia, com o intuito de almoçar em um dos trailers que ao longo dele se distribuem. É um corredor longo, com o pé direito altíssimo, cheio de alunos passando para lá e para cá. Antes mesmo de almoçar, vejo um pequeno cartaz na parede chamando para uma palestra no aloja com uma militante do Movimento Revolucionário Sandinista da Nicarágua. Meu sangue esquenta. Me informo rapidamente onde é o aloja, que fico sabendo tratar-se do alojamento de estudantes da ufrj. Como sempre, pego um ônibus interno que dá muitas voltas até chegar ao alojamento.

Entro num grande salão vazio, apenas uma cadeira encostada numa das paredes do salão. Sento e começo a esperar. Observo que os alunos passam olhando para mim com uma certa simpatia, mas não se aproximam. Fico meio inibida de perguntar pela palestra, que, pela hora, já está para começar. Espero um pouco mais, até que, faltando cinco minutos, e nem sinal da Sandinista, aproxima-se um aluno dizendo-se da Física. Conversamos sobre tudo, até que desconfio que a militante não virá e não haverá palestra. Foi aí que o meu novo amigo confirmou as minhas suspeitas: não haverá palestra. Até hoje estou com este amigo, com quem casei. Tempos depois, confessou que achava que eu é que era a militante Sandinista.

GIRASSÓIS

O amor tem mais de sete faces,
que não se revelam facilmente.
Uma bailarina me aponta o pé esguio,
vejo você. Os girassóis apontam:
Vejo você, vejo você desde sempre,
em todas as faces.
Afinal o mundo gira,
meu amor.

Aqui estou eu, próxima à Candelária, entre um milhão de pessoas. Lá estão eles: Barbosa Lima Sobrinho, Ulisses Guimarães, Teotônio Vilela, Chico Buarque de Hollanda, Sobral Pinto, Mário Covas, Sócrates, Tancredo Neves, Dante de Oliveira e muitas outras pessoas admiráveis em cima de um palanque armado atrás da igreja e de frente para a Avenida Presidente Vargas, coalhada de gente. A Avenida Rio Branco está lotada, assim como as outras ruas próximas ao palanque. Um mar de gente gritando "Diretas já! Diretas já!". Não estou mais perdida no Rio de Janeiro.

Ainda estranhando o trânsito da cidade, a pressa para pegar o ônibus, o medo de perder o ônibus, entro no Centro Cultural do Banco do Brasil. Descubro uma exposição de Carlos Drummond de Andrade envolta em um ambiente pacato, silencioso, falando da vida e da obra desse grande poeta brasileiro. Tudo em torno da exposição gira em um outro tempo, que não o tempo do lado de fora. Fincada no centro barulhento do Rio de Janeiro, redescubro a paz, a arte e muitas coisas que direcionam minha vida para a poesia. Passo a frequentar as rodas de leitura com grandes escritores bem no útero da cidade. Passo a escrever, a fazer oficinas, a assistir exposições de artes plásticas, a descobrir outras veredas, por onde, paralelamente, caminharei.

Composição

A folha escura sobre a pedra parda
se oferece à contemplação
(no estreito beco de alvenaria)
Posam também uma janela
e um vaso amarelo

Poucos reparam na composição,
imersos nos afazeres da metrópole

Esta cidade, tão botânica,
onde o verde abre frinchas no concreto,
tem ainda o mar como reserva
a olhos atentos

Morando em Vila Isabel, totalmente imersa na tese de doutorado, saio de casa bem cedo para pegar o segundo ônibus que me levará à universidade. Sem reparar direito na hora, só noto que ainda é madrugada quando salto no Castelo. Me dirijo ao ponto do ônibus que me levará ao Fundão quando escuto a voz do vigia de um dos prédios próximos – "moça, não vá para aquela esquina não, a gente reunida lá não é pra fazer coisa boa não, entre aqui". Meu senso de sobrevivência me faz atender ao vigia, tão mal encarado quanto os rapazes reunidos na esquina. Espero o dia clarear sem dizer uma só palavra, até ouvir de novo a voz do vigia – "agora pode ir, que está seguro". Agradeço e pego o ônibus, com o pensamento vago.

Venho pelo corredor do Departamento de Geologia, onde sou professora, e vejo um pequeno cartaz de um evento que vem acontecendo na Casa da Ciência da UFRJ: Ciência para Poetas. Acho interessante o tema, escrevo um texto no qual coloco meu ponto de vista sobre as ciências geológicas de uma maneira poética, e mostro para o geólogo mais conceituado do Departamento. Ele leu e, para surpresa minha, me disse: concordo com tudo que você escreveu. A partir desse texto, fiz um projeto contendo palestras científicas sobre temas atuais e, pasmem, leituras de poemas com grandes expressões da literatura contemporânea. Foram dez palestras e leituras de poemas, que se transformaram em uma revista muito bem editada e amplamente distribuída. Além de muitas trocas de informações e percepções do mundo, concluí que os meus colegas geólogos são muito abertos a temas poéticos e os poetas muito interessados nas ciências da natureza.

Conheço poucos prazeres que se comparam a uma aula bem dada. Transmitir, de uma forma leve, mas consistente, aquilo que suei para aprender é como desatar um nó vagarosamente diante dos alunos. Mas nem sempre é assim. Tem dias que não funciona. Você se pergunta: por quê? E não há resposta. Mas às vezes há, e vou procurando, procurando, lendo, estudando, até achar uma nova maneira de ensinar. Mas, mesmo assim, tem dias que não vai funcionar.

Senha

Tenho uma aluna que, ao final das mensagens, me diz
boa noite, professora, fique com Deus,
professora, fique com os anjos.

Ela talvez não saiba que é o meu alento
para estudar coisas difíceis.
Organizar uma cabeça desordenada tão medrosa.
Enfrentar a Academia.
Proporcionar calma, livros, silêncio,
para que ela estude.

A minha aluna me olha enviesado.
Acho que ela sabe que precisa da minha assinatura
e de umas poucas informações.
Quando ela aprender a obter as informações algures,
quem sabe ela vai me amar.

Tenho um segredo com minha aluna:
O login dos sistemas.
São três letras e quatro dígitos.
Só nós duas sabemos,
até que chegue um novo orientando
que irá compartilhar o nosso segredo.

Diria ser uma experiência estrondosa sair da minha cidade, quase pequena, para uma metrópole como o Rio de Janeiro. Aos poucos, me dou conta do quanto isso mexe com os átomos que me compõem. O barulho, os pivetes, o ritmo frenético da cidade me destroem, a cada esquina. A cada esquina me recomponho. A beleza me recompõe: os muros, as heras, as palmas, o silêncio inesperado numa rua perdida. Numa fonte.

Pétalas urbanas

Orquídeas florescem surdamente
nos troncos úmidos da cidade
do Rio de Janeiro

Insurgem-se em cores e delicadeza
perante os transeuntes, os pivetes

Desconhecidos amarram cepas aos troncos
longe dos olhos dos moradores

A brisa se encarrega de trazer
água e alimento

Formam-se rastros de pétalas urbanas

Chamado dos serafins para uma revolução

Se existe uma característica muito presente em geólogos, paleontólogos e poetas, esta é a imaginação. Dê um grão de areia a um geólogo e ele lhe contará uma história. Dê um nanofóssil a um paleontólogo, ele o remeterá a oceanos antigos. Um instrumento imprescindível para isto são as retinas. Vemos. Vemos tudo que a natureza oferece aos nossos olhos. Certa vez, vi uma colônia de corais fósseis. Me chamou a atenção sua semelhança com um favo de mel de abelhas. Puxa vida, mas são coisas tão diferentes, pensei. Na época, não sabia fotografar. Tempos depois, conversando com um colega de mesmo pensamento, e exímio fotógrafo, chegamos à conclusão de que faríamos um livro demonstrando as semelhanças das formas cristalinas com formas orgânicas e formas "inventadas" pelo Homem. Tão entusiasmados ficamos, que convidamos alguns poetas para escreverem, inspirados nas formas fotografadas. Ficou um belo livro.

AS VÉRTEBRAS DOS DIAS

O café se mistura ao leite
na manhã fresca de agosto
como se abençoasse
o que está por vir.
Seu aroma nos envolve.

A matéria fluida, fugidia,
dos delírios, pensamentos tortos,
vira fumaça.
Ergo palavras, sintaxes, poemas.

A vida nos parece exata.
Pão, açúcar, manteiga.
Seguimos amalgamados
como um metal precioso
em fogo brando.

Alguma ordem brota desta arquitetura
Deste engenho alguma luz perdura
desdobrando as vértebras dos dias.

Sempre tenho uma amiga do peito, com quem divido os sonhos e as realidades, desde criança, durante a adolescência, e hoje. Fora isso, quase não confio nas pessoas, ou melhor, confio em umas poucas. Meu contato com elas se dá quase exclusivamente na universidade, onde trabalho. Eu não entro na cidade em que habito, acho que ainda não entrei. Tentativas não faltam: dou aulas, faço oficinas, frequento museus, participo de grupos, vou à praia, lanço livros. Sempre uma outsider

O Rio de Janeiro tem pessoas e pessoas. Vim a me sentir com coragem de falar alguma coisa mais própria, diferente, depois de anos na cidade, em um grupo de poesia. Pensei comigo: acho que, se disser algo inapropriado, estas pessoas não me execrarão. Dito e feito. Fiquei por mais de dez anos nesse grupo. Havia um certo distanciamento entre os componentes, mas uma total sinceridade e liberdade quanto ao que escrevíamos e ao que dizíamos sobre os poemas uns dos outros. Uma espécie de respeito pela arte poética. Só saí do grupo porque vim morar muito longe de onde são realizadas as reuniões. Vida longa ao grupo!

A VITRINE

Hoje, os carobinhas estão quietos.
A vontade de morrer passou.
Só tenho olhos para aquela torta de morangos
do outro lado da vitrine de doces.

Deixei papéis, compromissos sobre a escrivaninha.
Nem sei se ainda me esperam.
Papéis, contos, poemas
são apenas coadjuvantes deste meu desejo

e só existe uma vitrine
entre ele e a boca salivante.

Escrever um texto científico exige, na maioria das vezes, suprimir a imaginação. Lidamos com dados, curvas, gráficos, tabelas, e não se pode fugir muito do que eles dizem. Quando conheci Stella, fiz um esforço hercúleo com minha alma para escrever um texto livre, prosaico, pois, até então, ou escrevia poemas ou textos rigorosos, científicos. Passei a escrever contos, crônicas e, acreditem, com isto, aliviei uma carga de energia acumulada durante anos.

ABRO CAMINHO PARA MINHA ALMA

Dia após dia percorro o labirinto das palavras
para matar os demônios que me aliciam,
mas não encontro razão para isto.

Os cavalos não dão trégua.
Não posso parar nos regaços,
e viver.

Os cavalos estão resolutos.
Me tragam com suas crinas
para o labirinto

Viver tem suas exigências.

Falo pouco. Chega a ser constrangedor puxar assunto com alguém. A escrita é a minha grande expressão. Inicialmente, escrevi livros e artigos científicos; depois, passei a escrever poemas, a experimentar epifanias. Posso até dizer que ouvi a musa soletrando aos meus ouvidos, tal a facilidade com que as palavras saíram de mim, levando para o papel os sentimentos. Escrevi um livro inteiro assim. Um livro que fala sobre o amor.

Entretanto, da poesia para a prosa foi um parto. Nasci dessa enorme dor. Lá, um dia, senti vontade de pintar. Comprei tintas para pintar com os dedos, depois com pincéis. Entrei em aulas de pintura, mas nada me satisfez como expressão. Um dia, comprei cartolina colorida, recortei formas aleatórias que me vinham às mãos. Experimentei espalhar, espalhar, expandir. Descobri a colagem, as formas, as cores e a enorme satisfação de resolver um problema estético.

PLUMAS

Tento sustentar o lume dos dias.
Retirar, de dentro de mim, plumas.
Equilibrá-las em algum lugar sob o céu.
Saber que para além das nuvens,
e dos raios e dos medos e das preces,
há super-novas brilhando.
Como se a vida por si só
pudesse alimentar-se
de estrelas.

DAS COISAS MAGNÍFICAS

Sinto o ritmo do tempo
como se dele estivesse fora
É um tempo compacto
como um muro

Em suas brechas, fruí um poema,
amei um homem,
quase sem querer

Por isso, sei da amplidão silenciosa
das estrelas.

O homem se foi resoluto a atravessá-lo
sem suspeitar,
deixou comigo a face serena
das coisas magníficas.

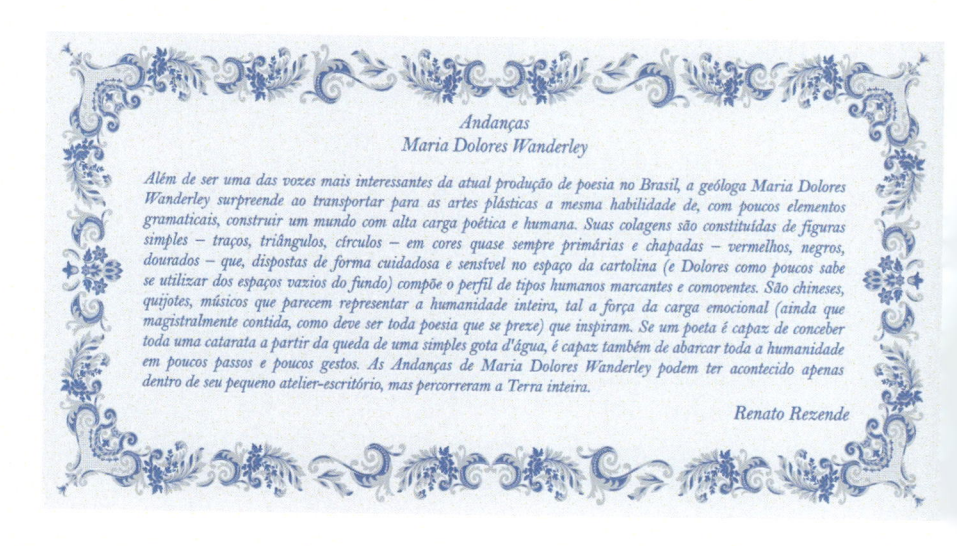

Andanças
Maria Dolores Wanderley

Além de ser uma das vozes mais interessantes da atual produção de poesia no Brasil, a geóloga Maria Dolores Wanderley surpreende ao transportar para as artes plásticas a mesma habilidade de, com poucos elementos gramaticais, construir um mundo com alta carga poética e humana. Suas colagens são constituídas de figuras simples – traços, triângulos, círculos – em cores quase sempre primárias e chapadas – vermelhos, negros, dourados – que, dispostas de forma cuidadosa e sensível no espaço da cartolina (e Dolores como poucos sabe se utilizar dos espaços vazios do fundo) compõe o perfil de tipos humanos marcantes e comoventes. São chineses, quijotes, músicos que parecem representar a humanidade inteira, tal a força da carga emocional (ainda que magistralmente contida, como deve ser toda poesia que se preze) que inspiram. Se um poeta é capaz de conceber toda uma catarata a partir da queda de uma simples gota d'água, é capaz também de abarcar toda a humanidade em poucos passos e poucos gestos. As Andanças de Maria Dolores Wanderley podem ter acontecido apenas dentro de seu pequeno atelier-escritório, mas percorreram a Terra inteira.

Renato Rezende

Texto escrito para a exposição de colagens "Andanças", ocorrida no Centro Cultural Horácio Macedo / UFRJ, em abril de 2016.

Andanças
Maria Dolores Wanderley

Além de ser uma das vozes mais interessantes da atual produção de poesia no Brasil, a geóloga Maria Dolores Wanderley surpreende ao transportar para as artes plásticas a mesma habilidade de, com poucos elementos gramaticais, construir um mundo com alta carga poética e humana. Suas colagens são constituídas de figuras simples — traços, triângulos, círculos — em cores quase sempre primárias e chapadas — vermelhos, negros, dourados — que, dispostos de forma cuidadosa e sensível no espaço da cartolina (e Dolores como poucos sabe se utilizar dos espaços vazios do fundo) compõe o perfil de tipos humanos marcantes e comoventes. São chineses, quijotes, músicos que parecem representar a humanidade inteira, tal a força da carga emocional (ainda que magistralmente contida, como deve ser toda poesia que se preze) que inspiram. Se um poeta é capaz de conceber toda uma catarata a partir da queda de uma simples gota d'água, é capaz também de abarcar toda a humanidade em poucos passos e poucos gestos. As Andanças de Maria Dolores Wanderley podem ter acontecido apenas dentro de seu pequeno atelier-escritório, mas percorreram a Terra inteira.

Renato Rezende

43

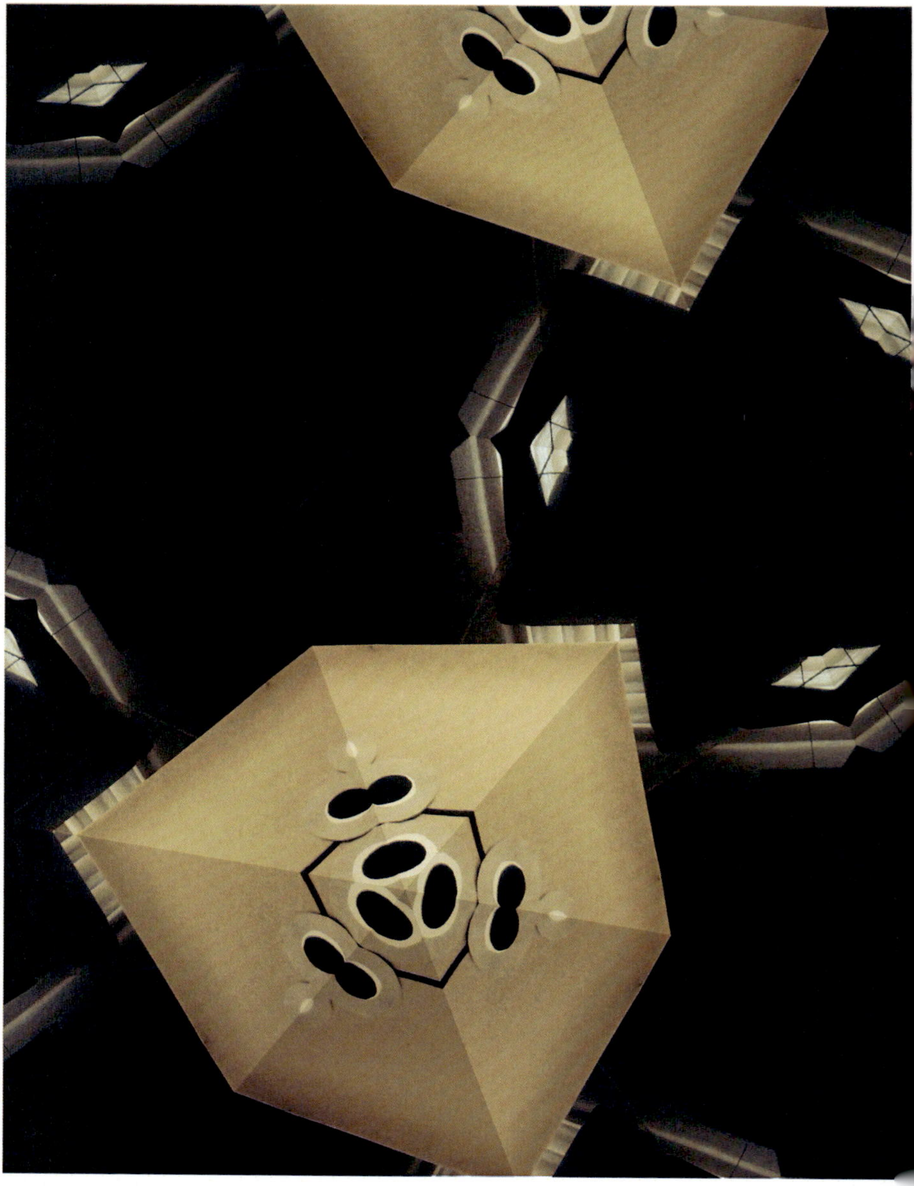

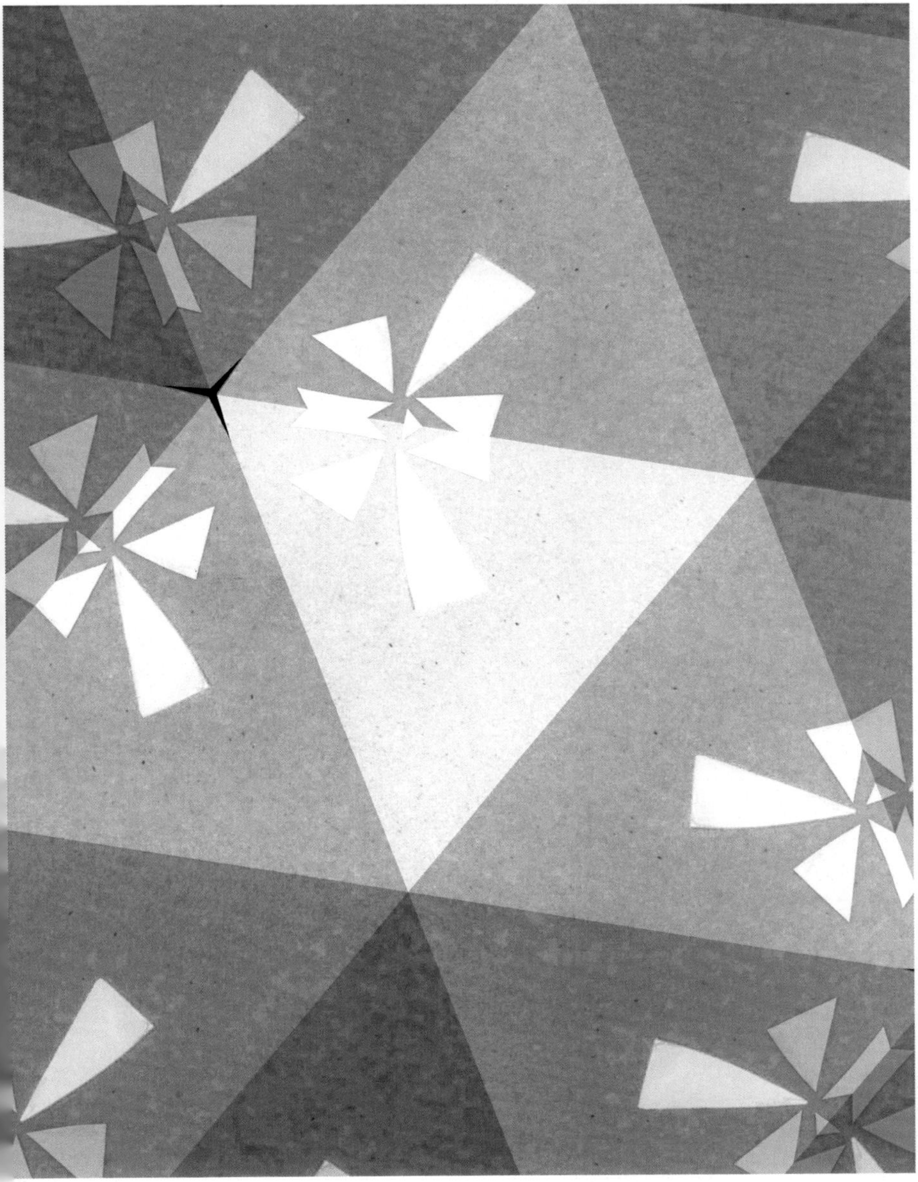

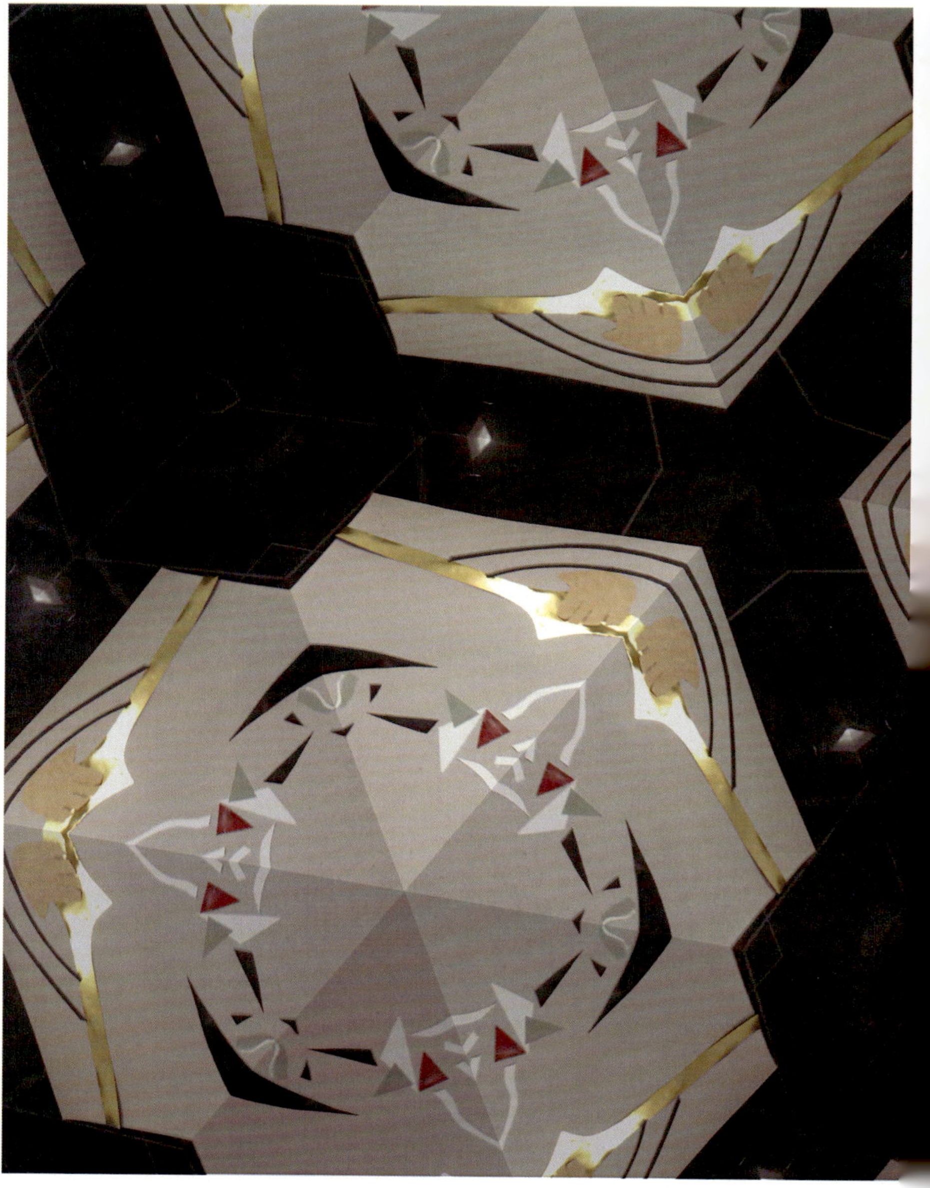

47

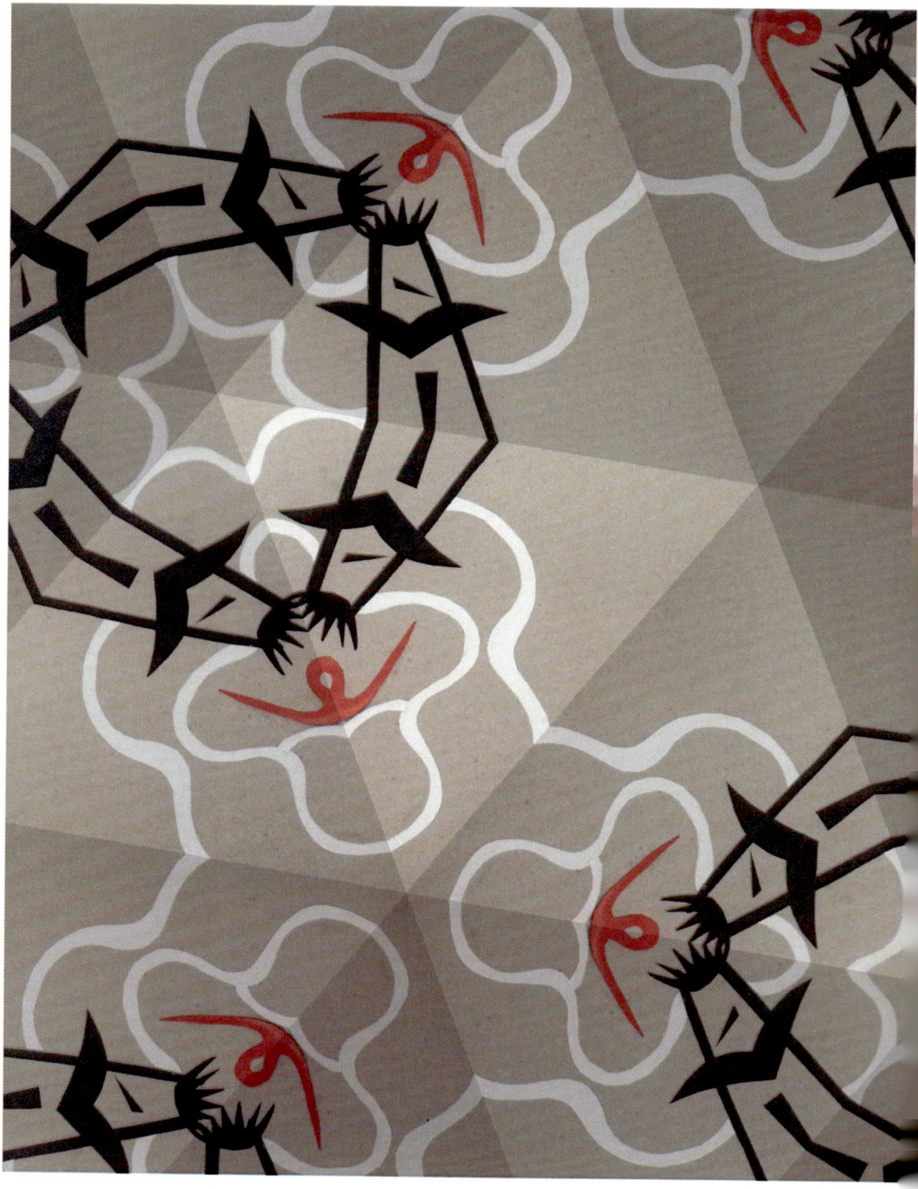

49

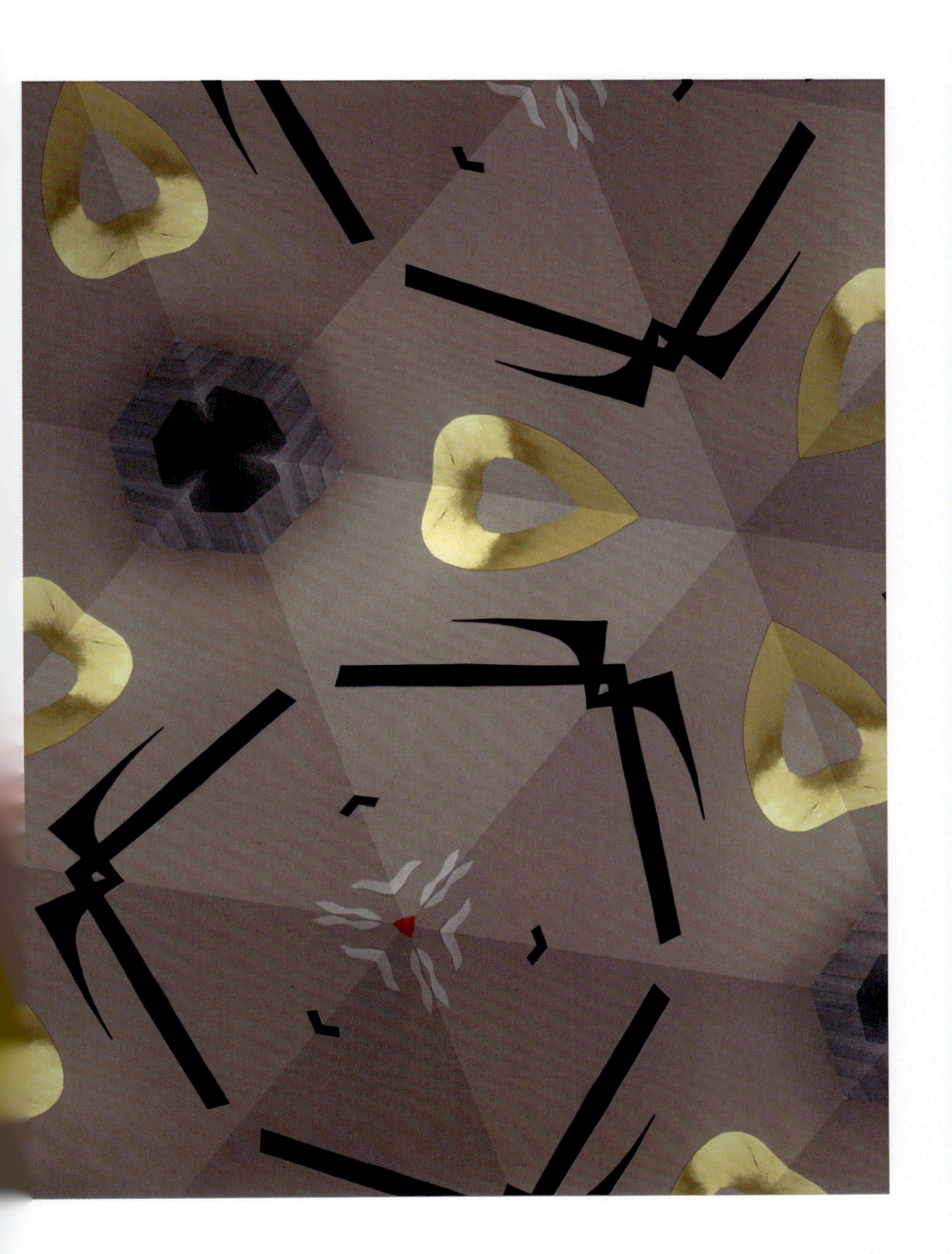

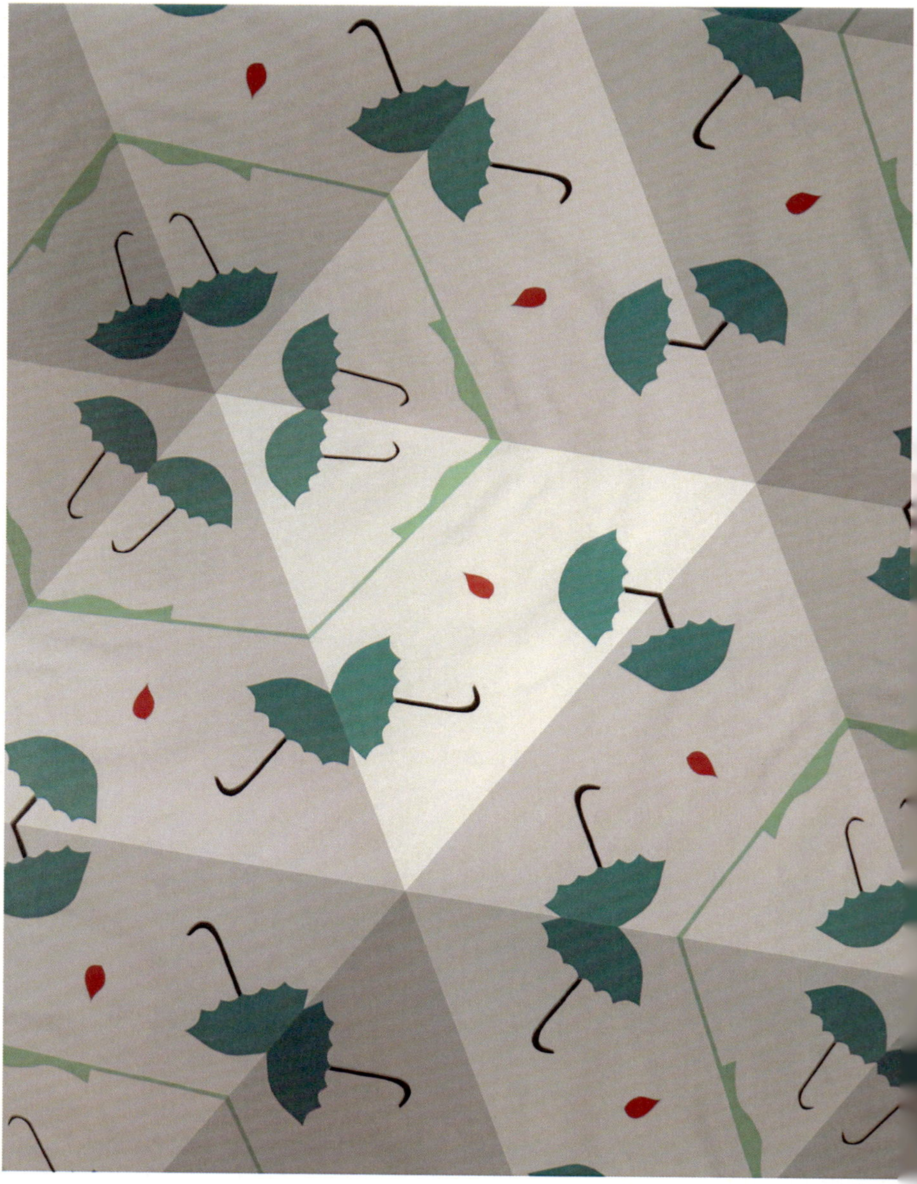

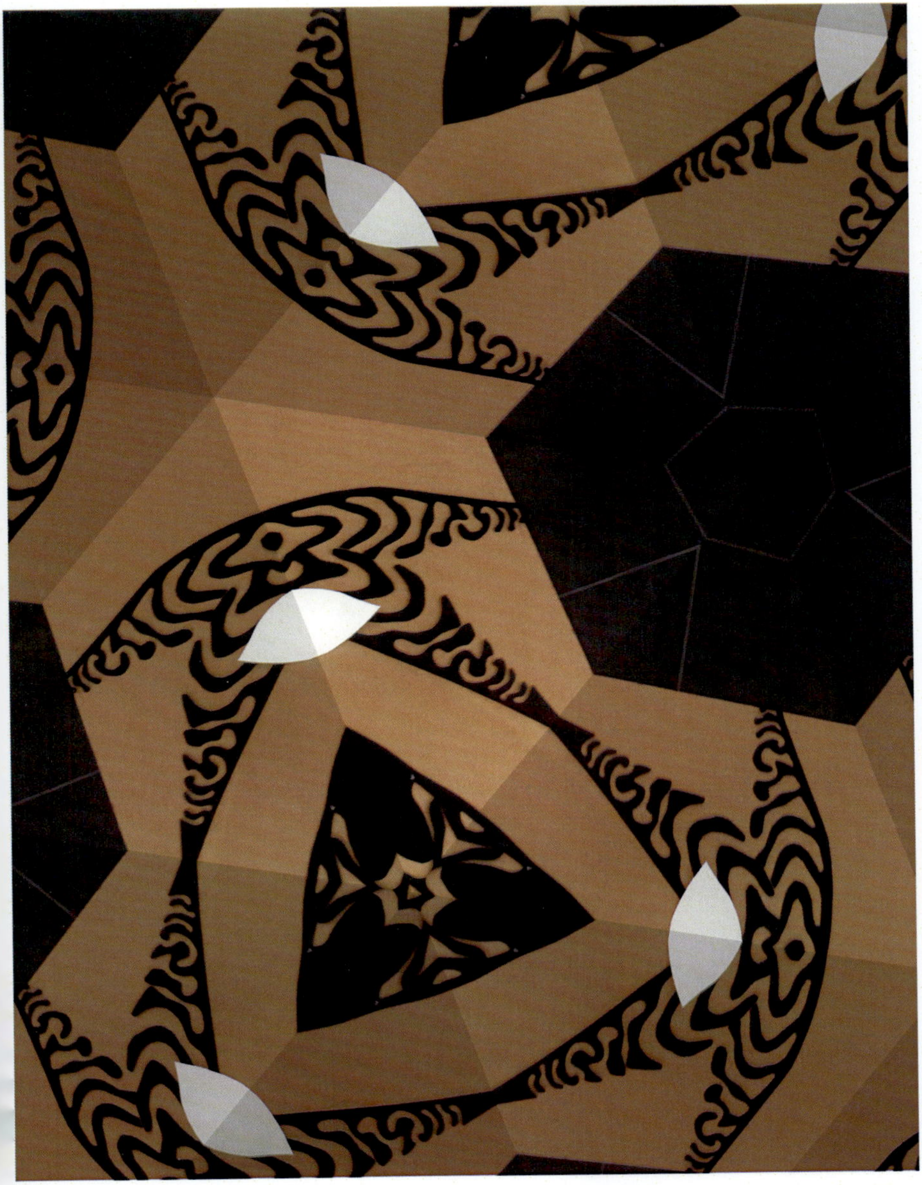

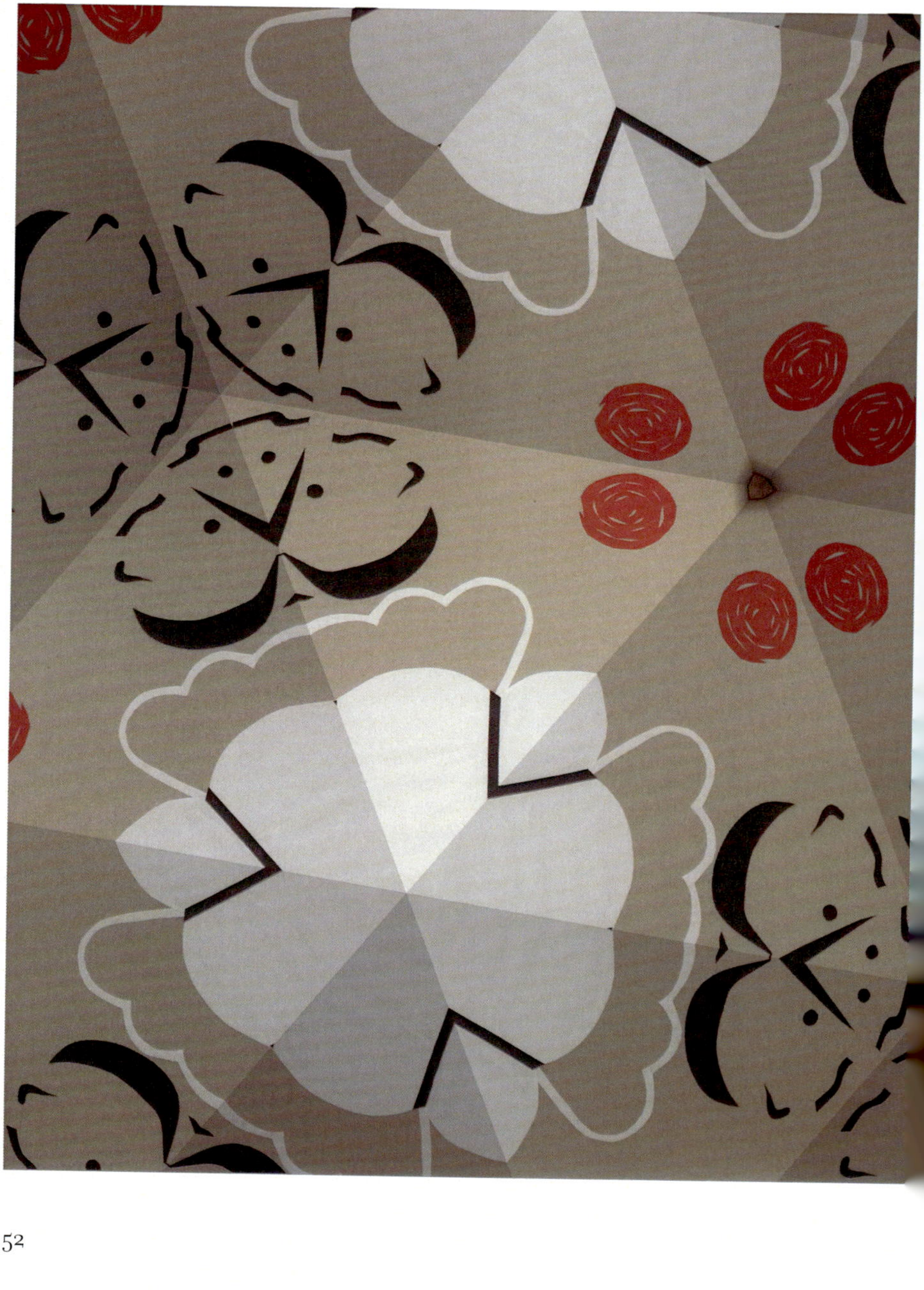

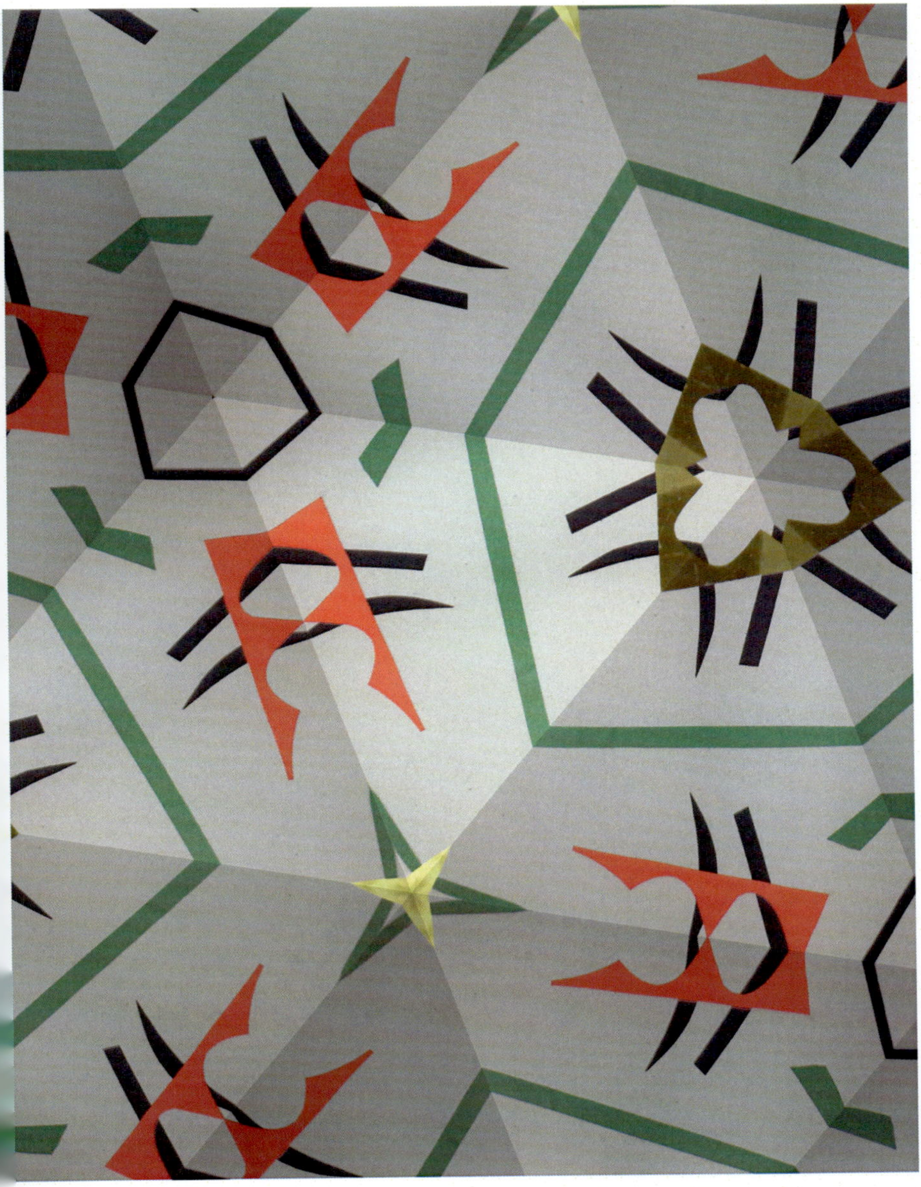

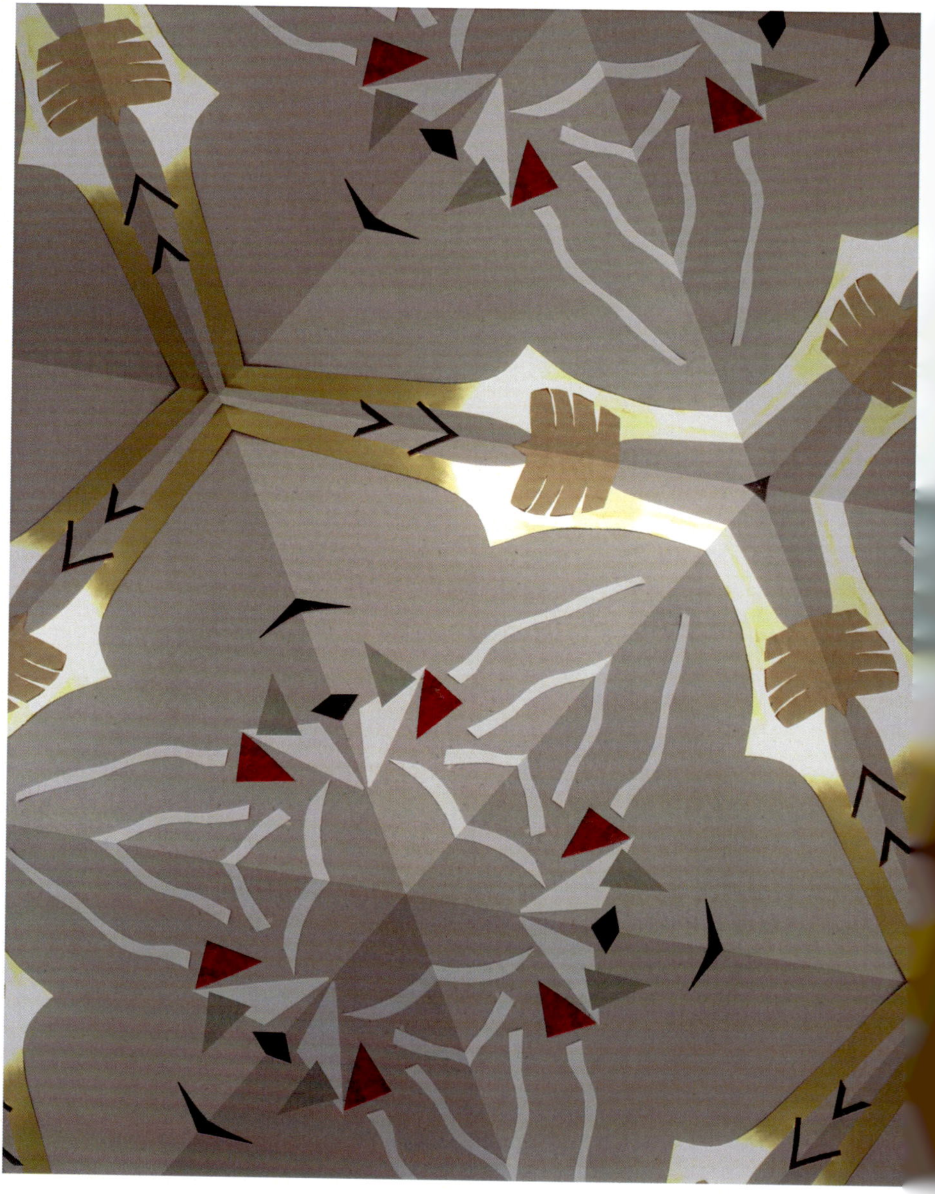

55

A Casa de Stella

Plantas indefinidas, árvores da felicidade
orquídeas, folhas, folhas, folhas.
Bibelôs, souvenirs.

Na ágora ao centro
passeiam pensamentos.

Tudo são relíquias na casa de Stella.

— Stella é feita de memória —
um elefante grande e pacífico
que gosta de gente.

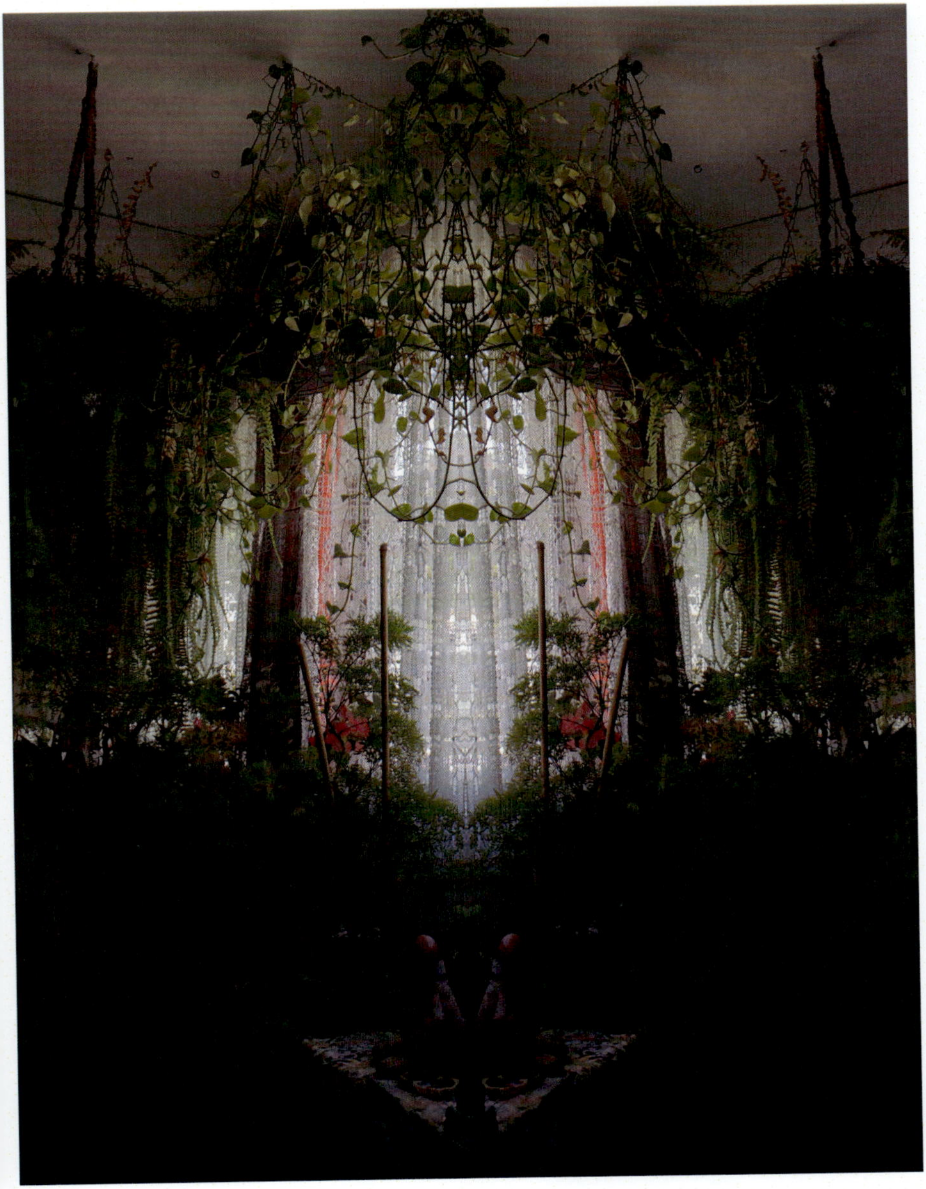

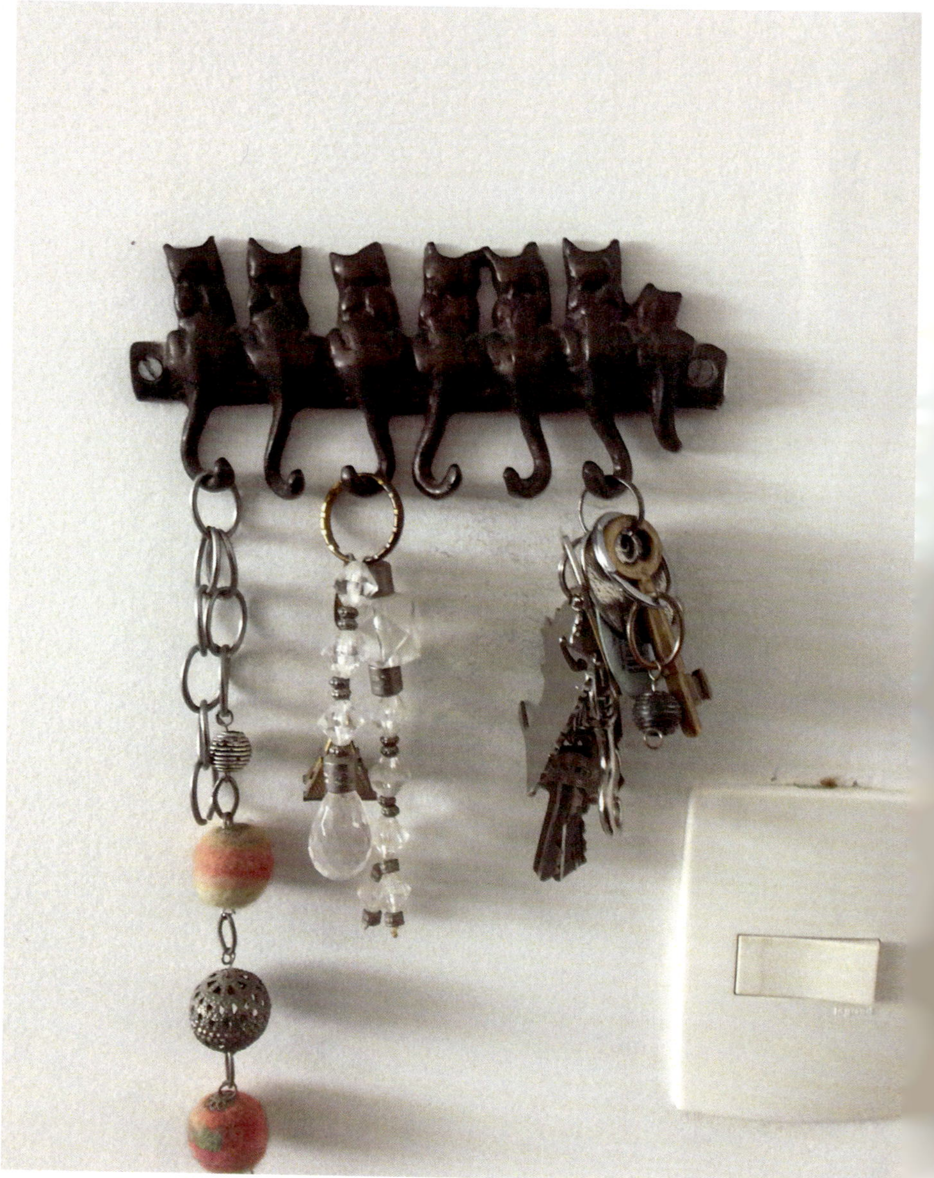

a ética da psicana
Jacques
HOMBRE DE LOS LOBOS por EL
NO CINEMA C
Dr. Freud
Seuil
SEUIL

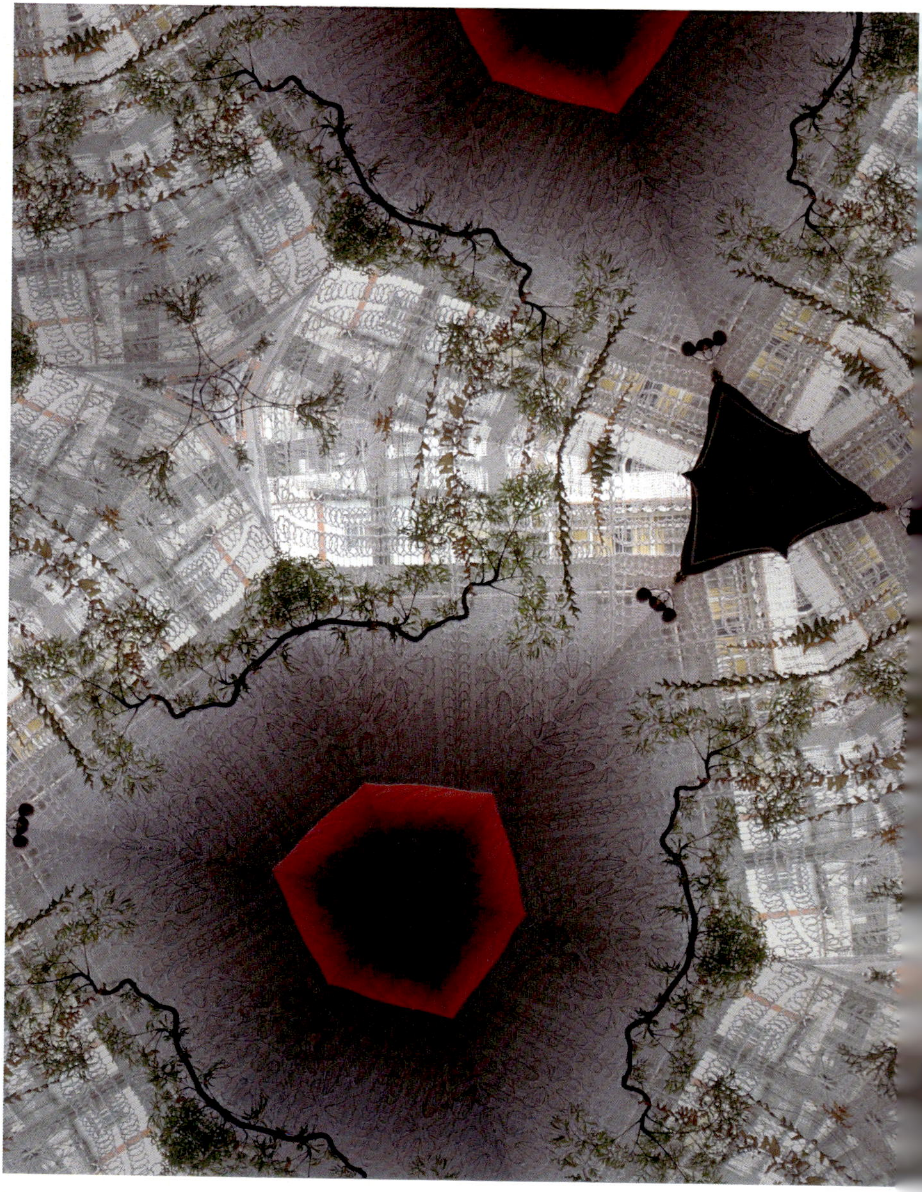

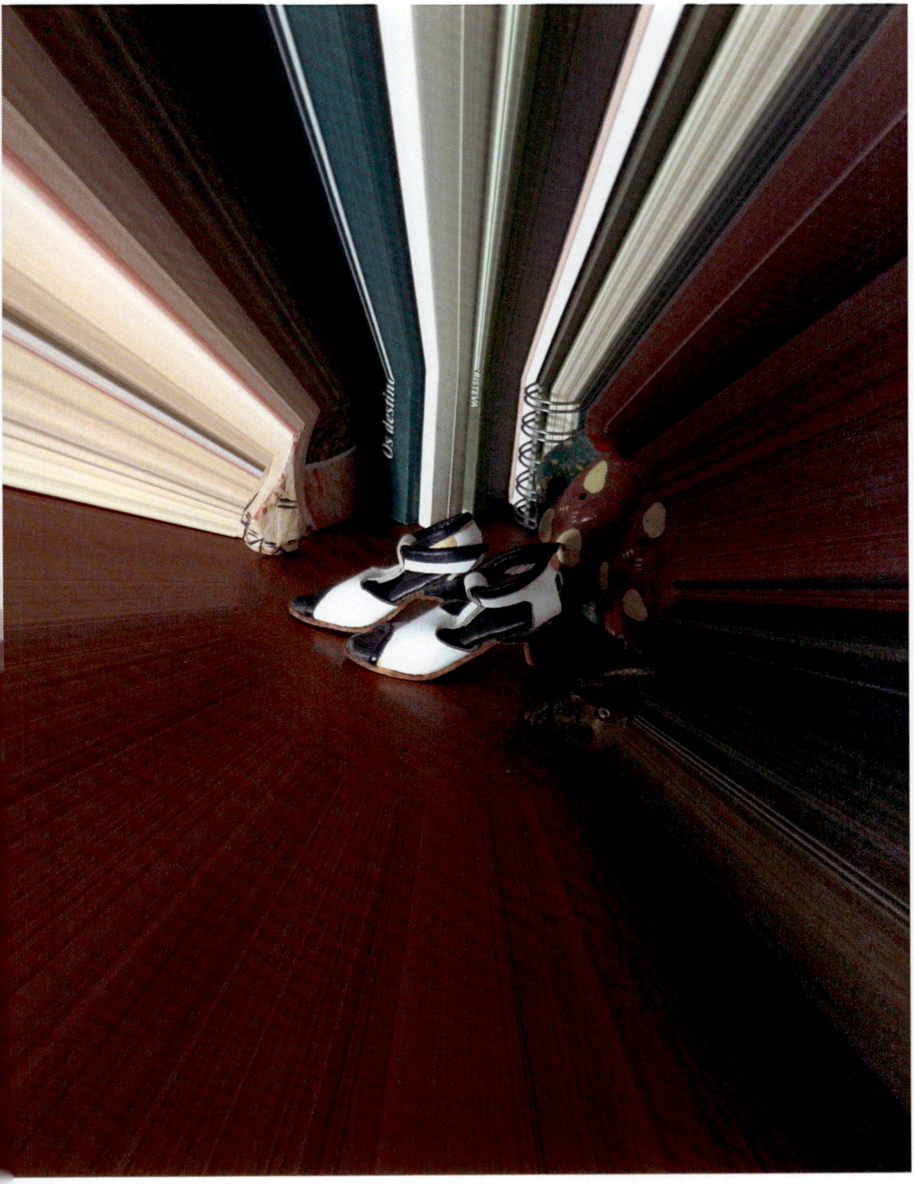

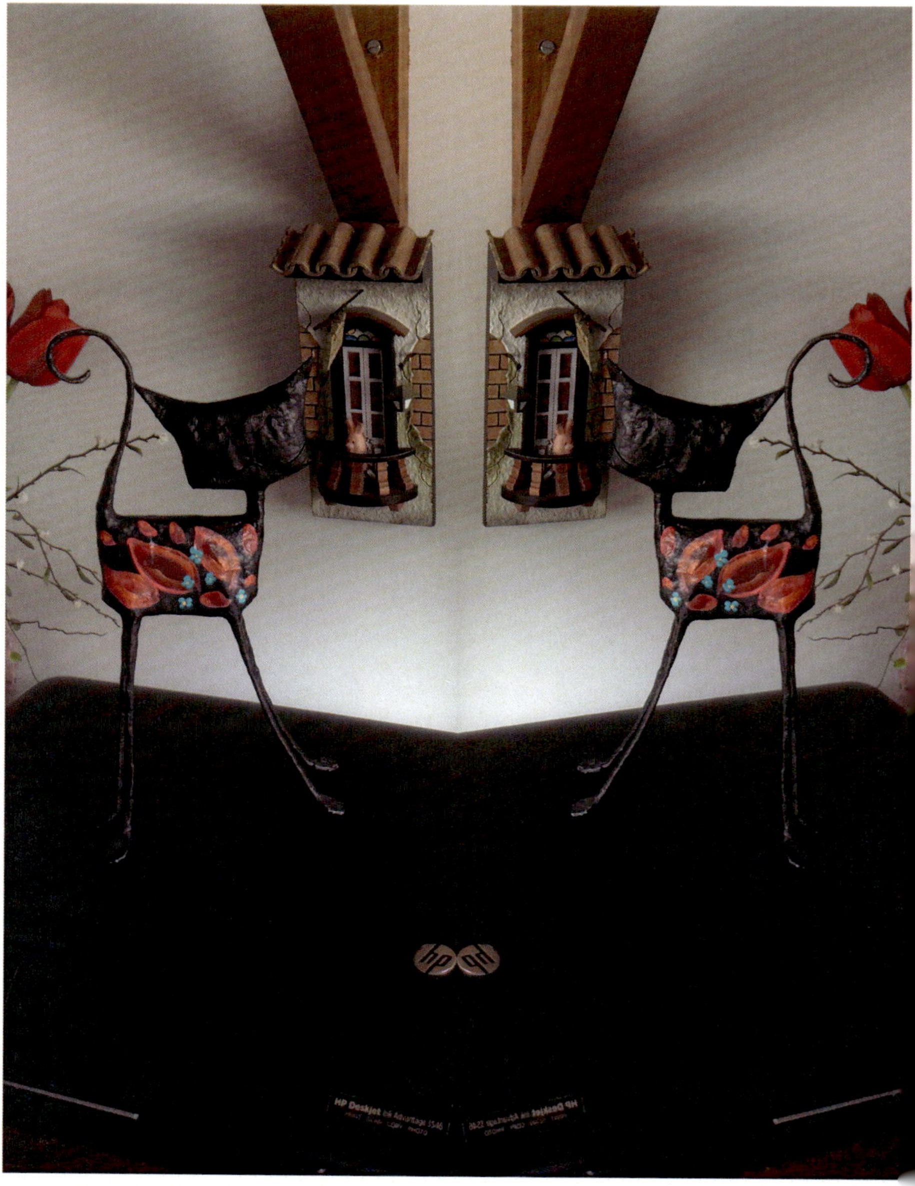
HP Deskjet

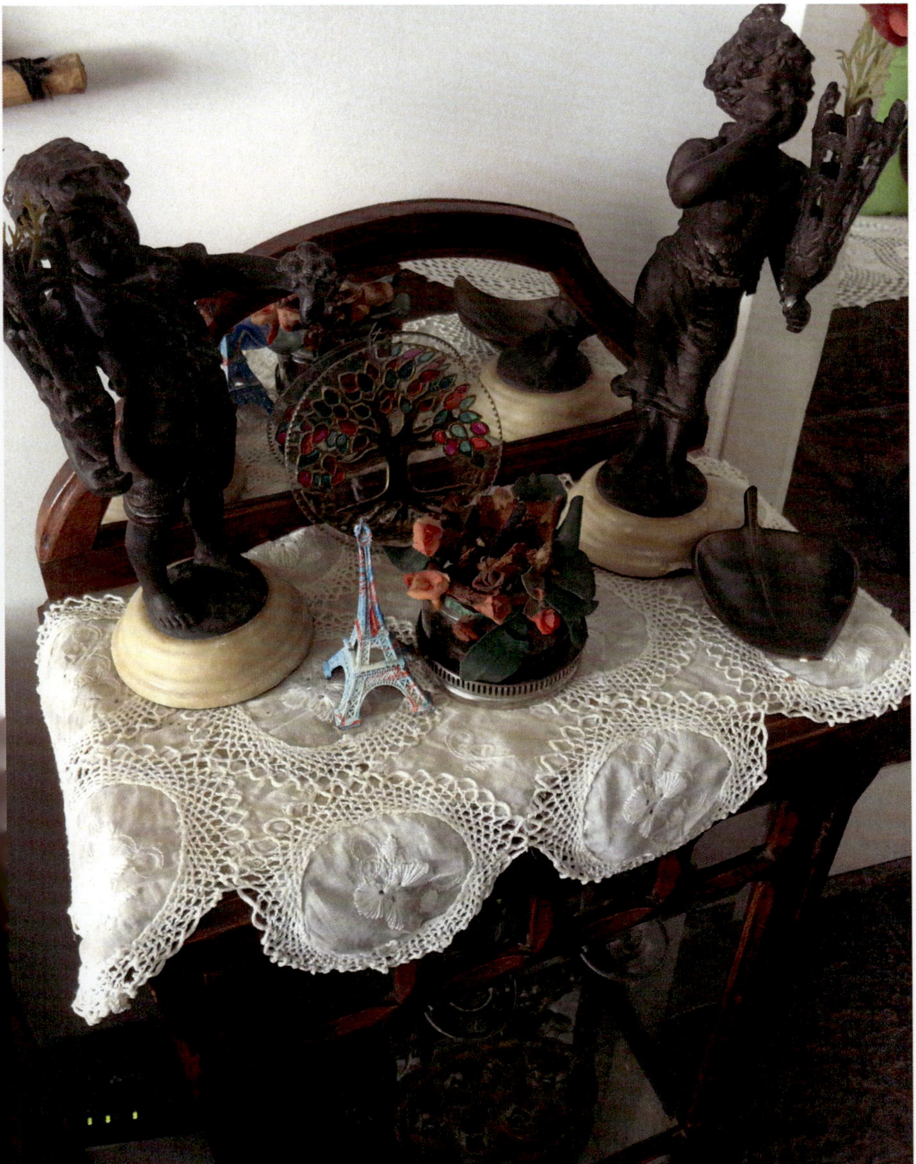

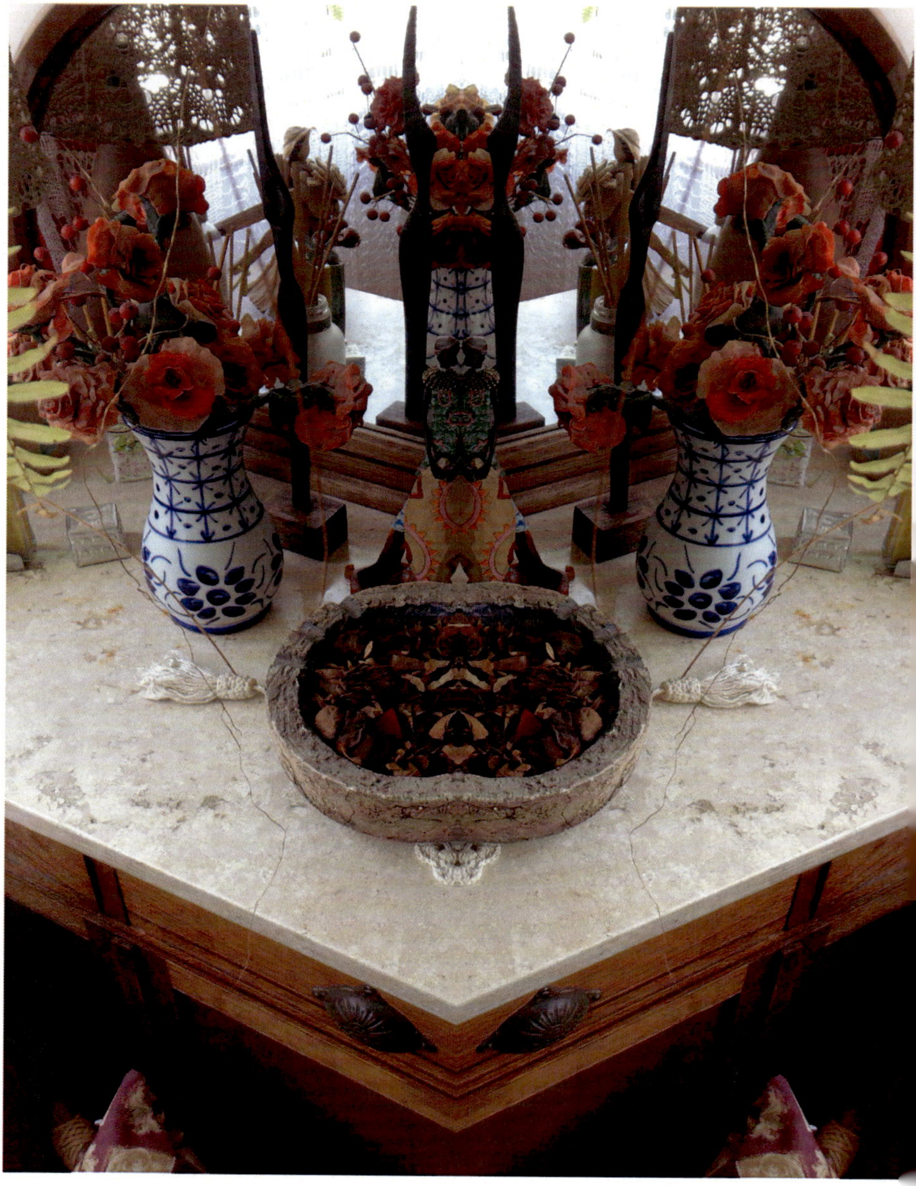

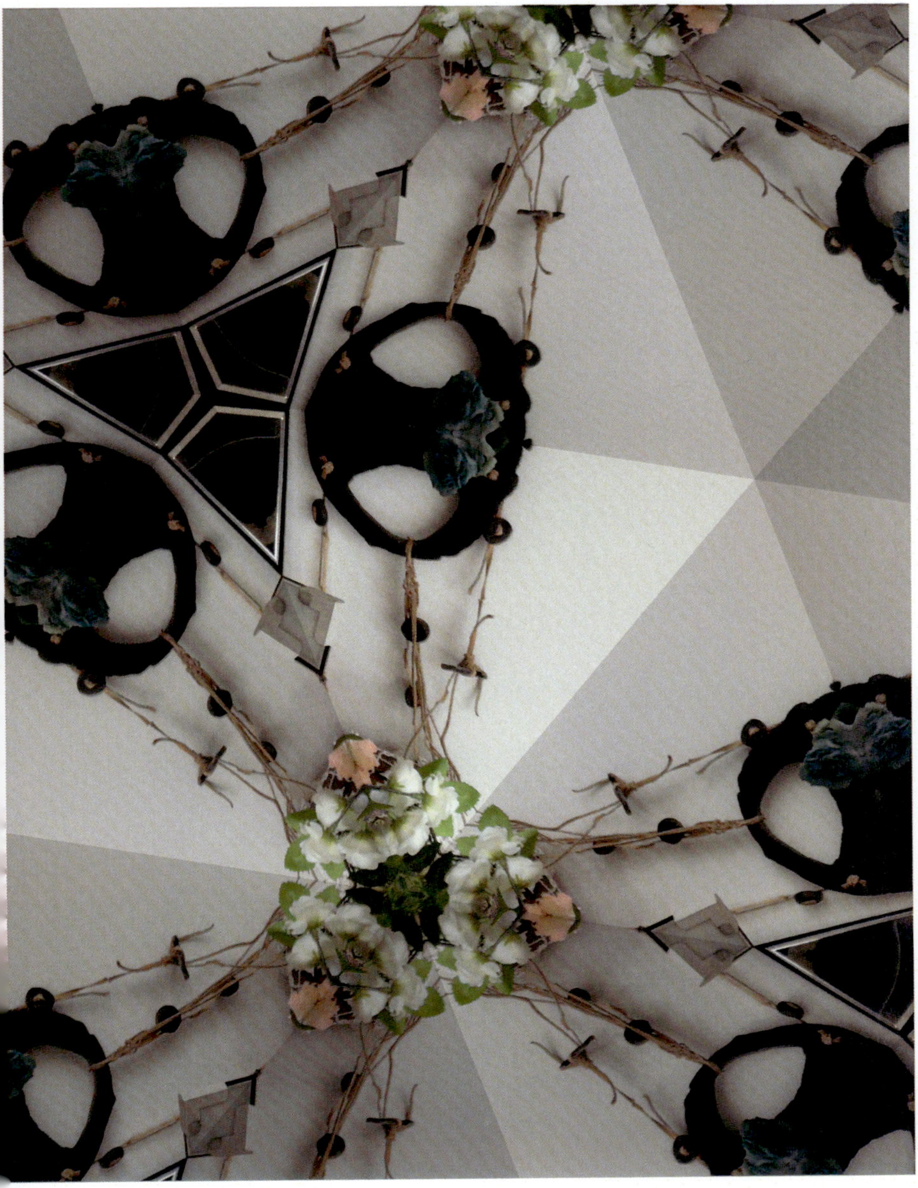

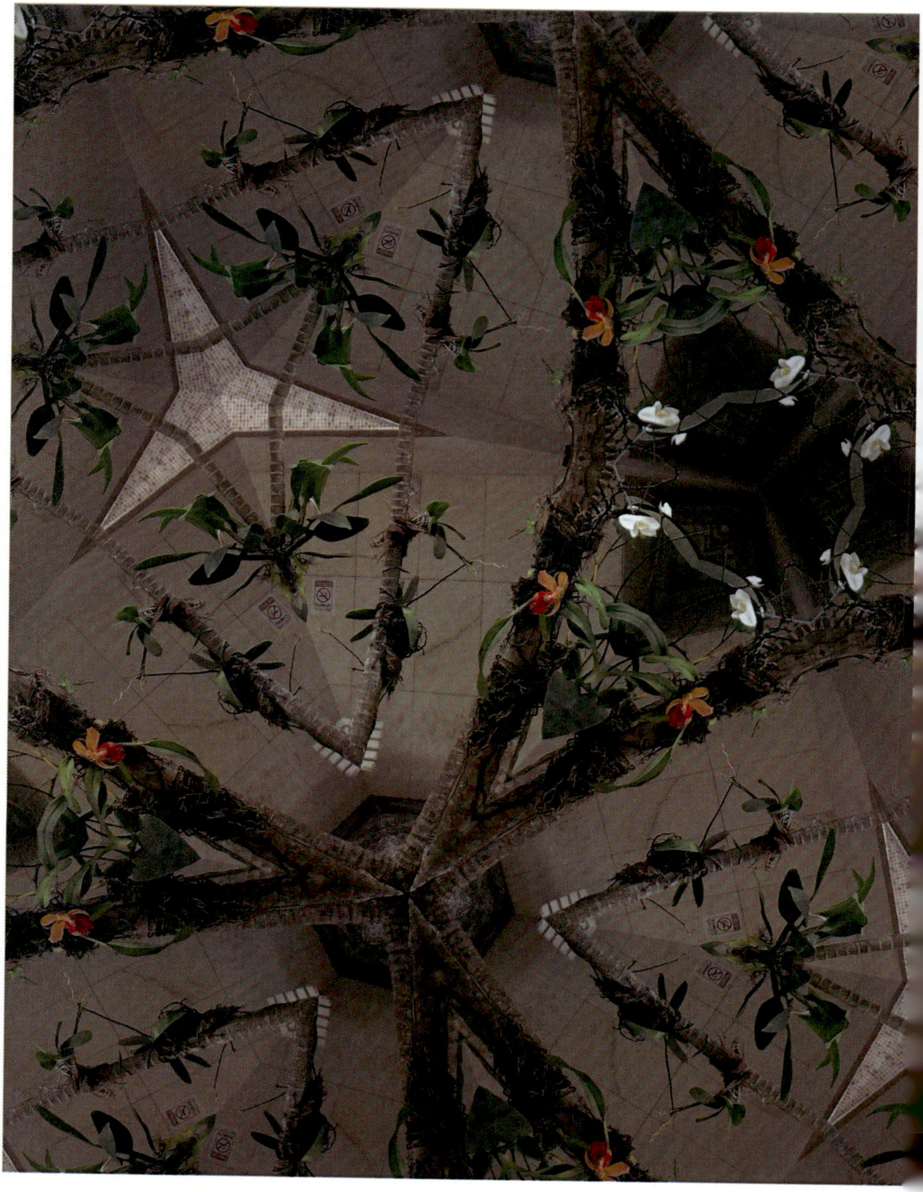

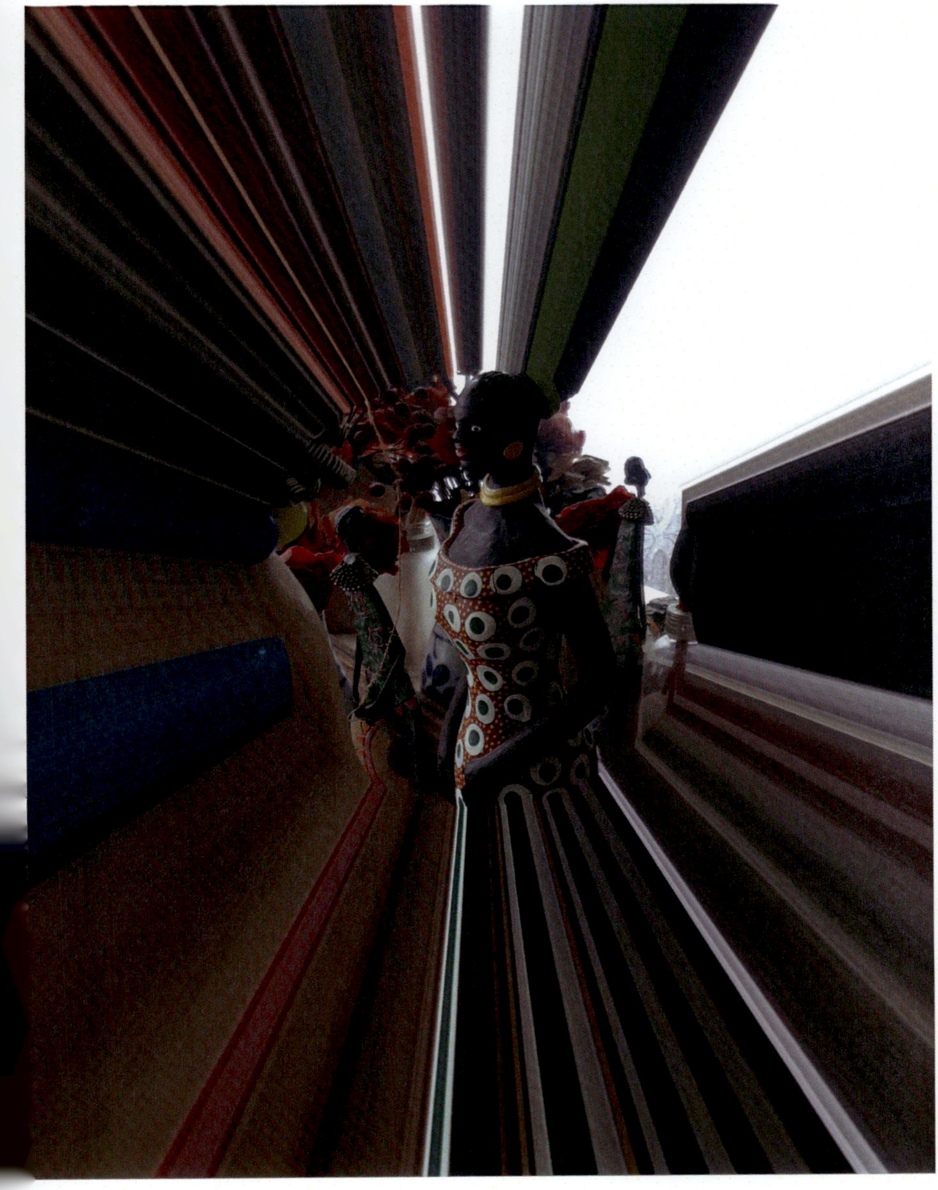

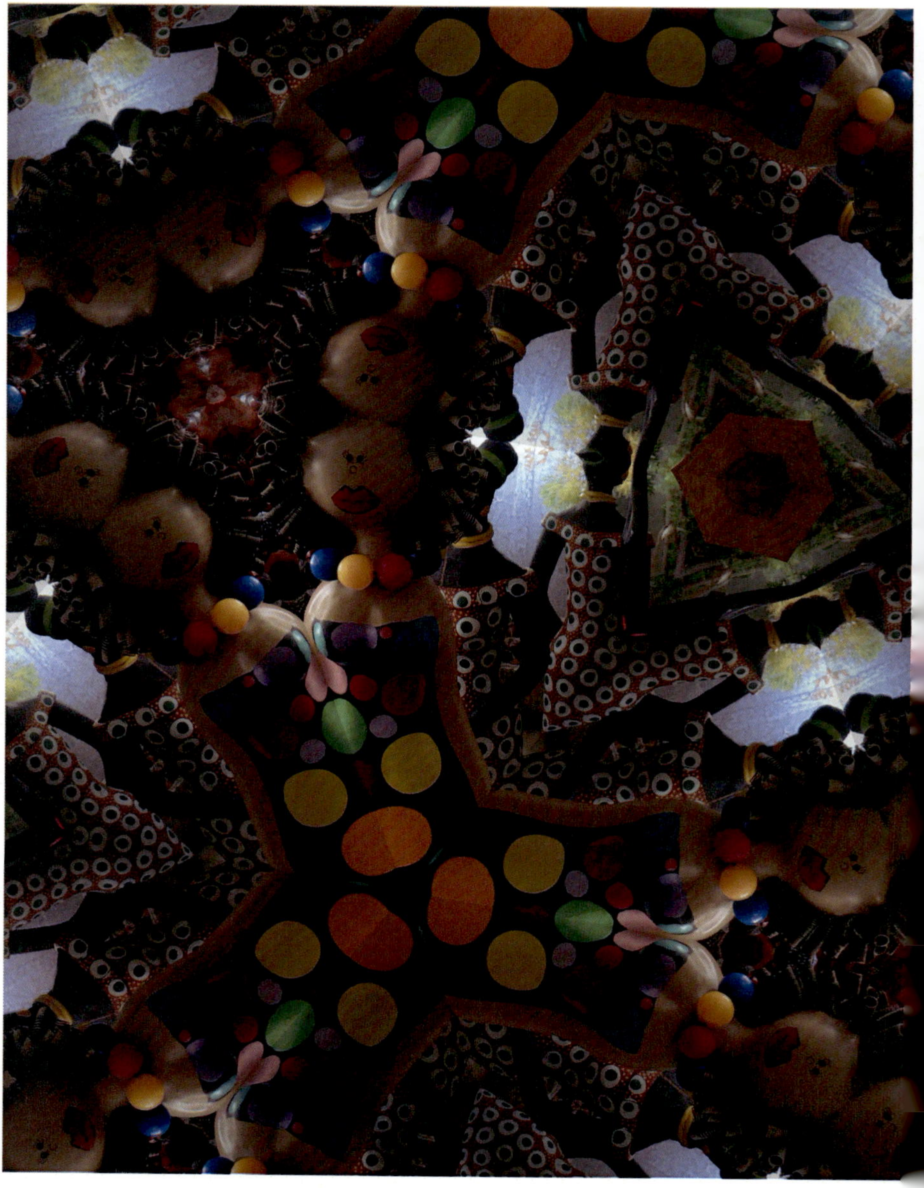

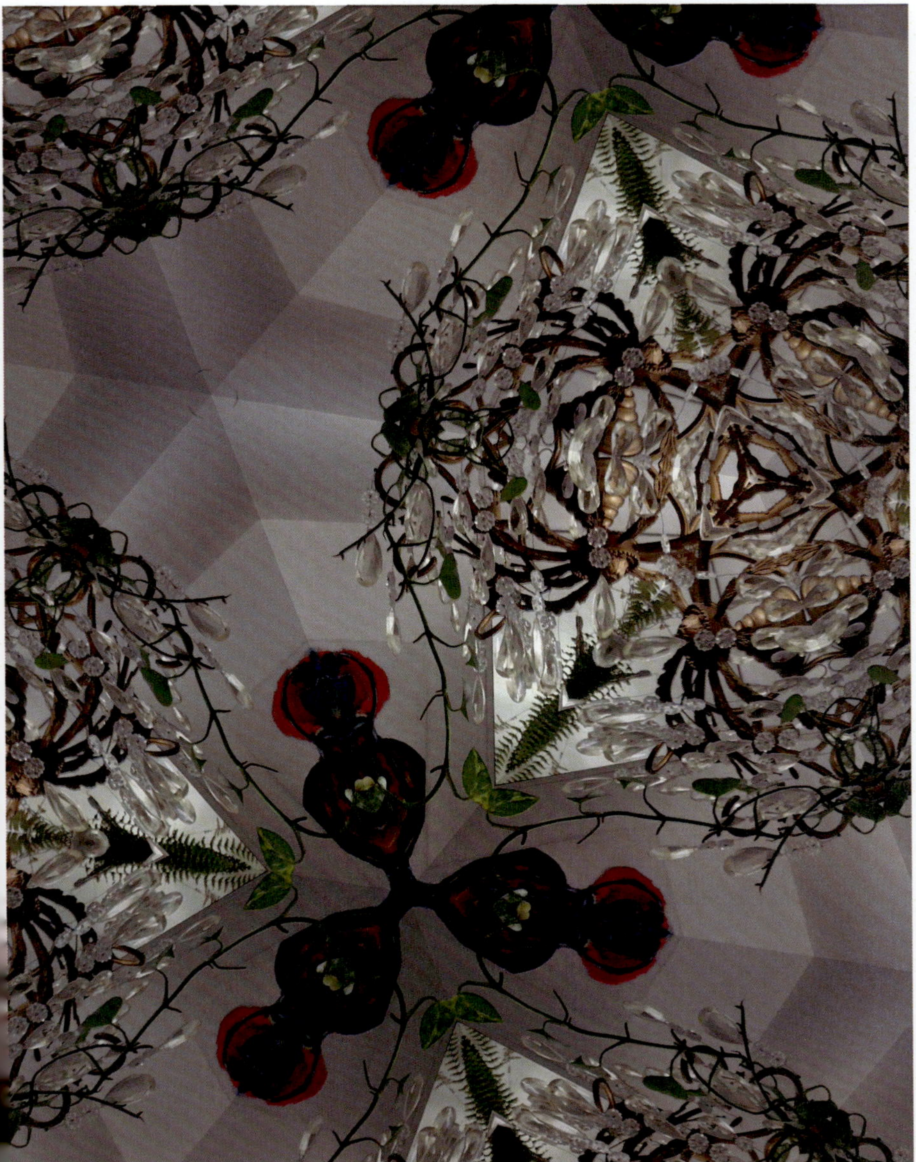

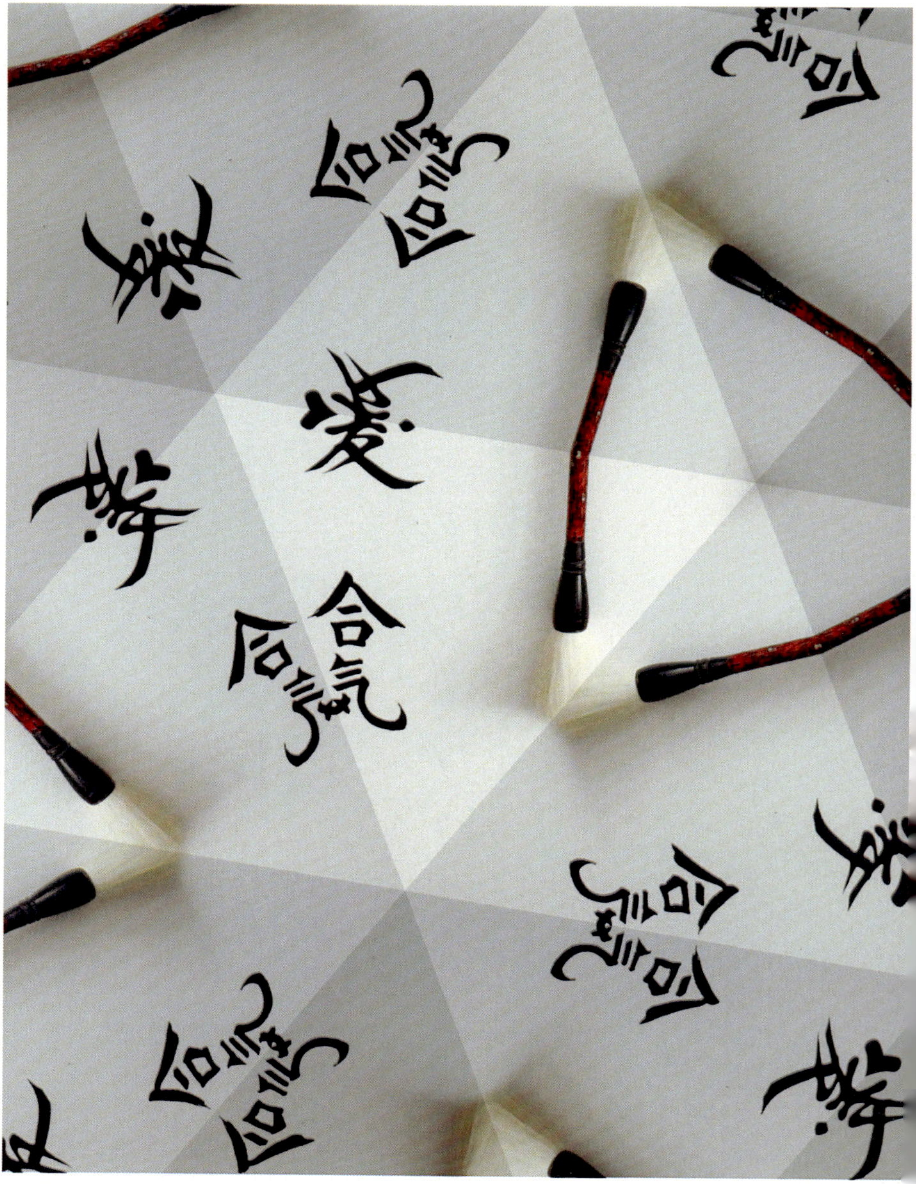
合氣

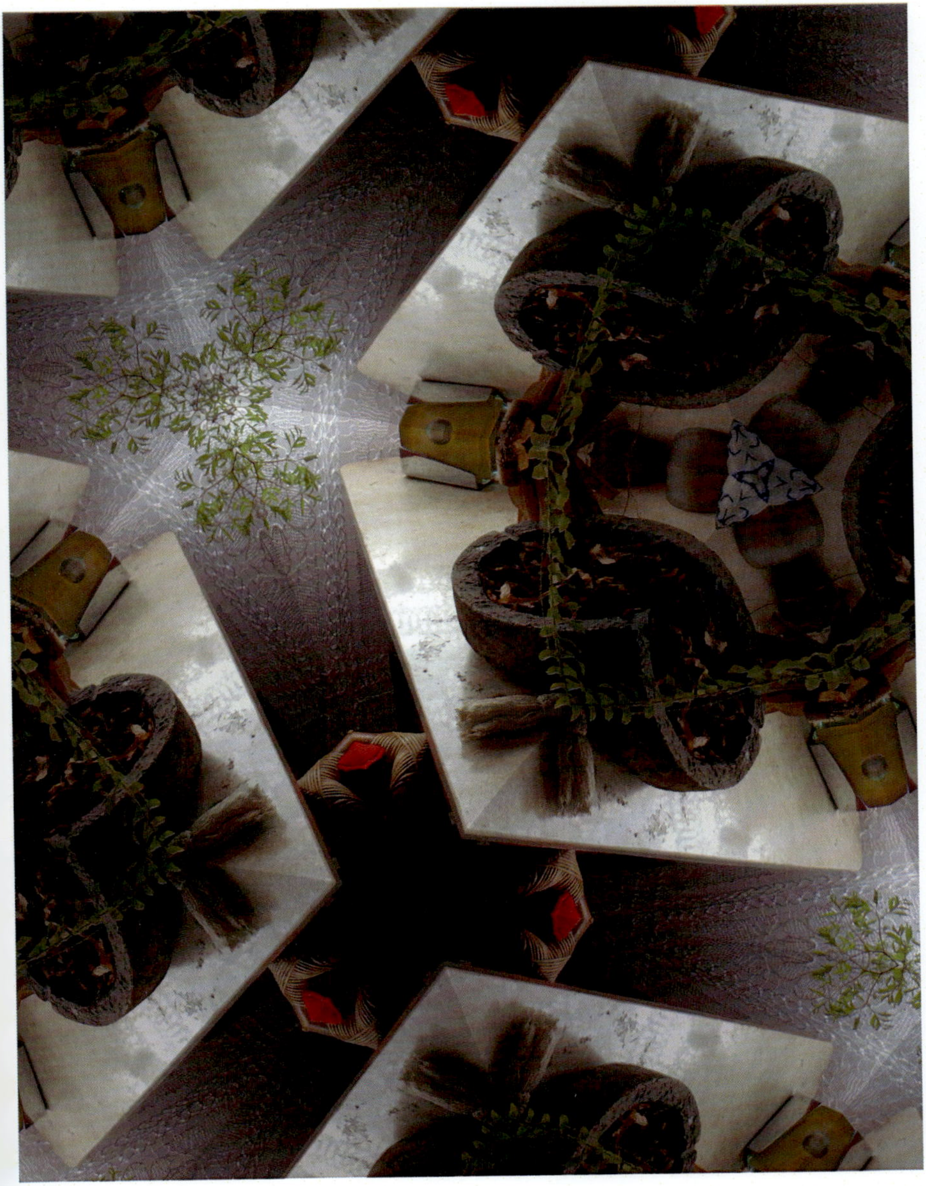

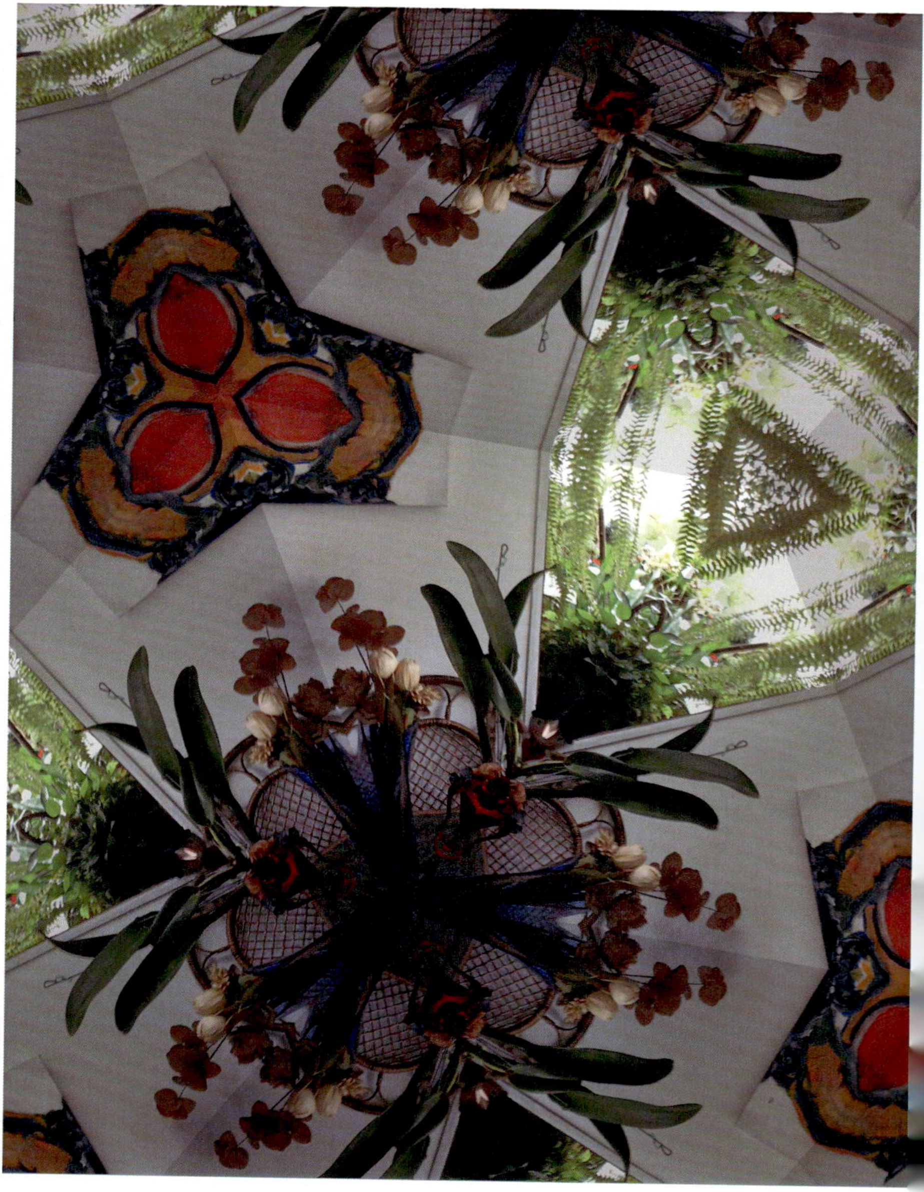

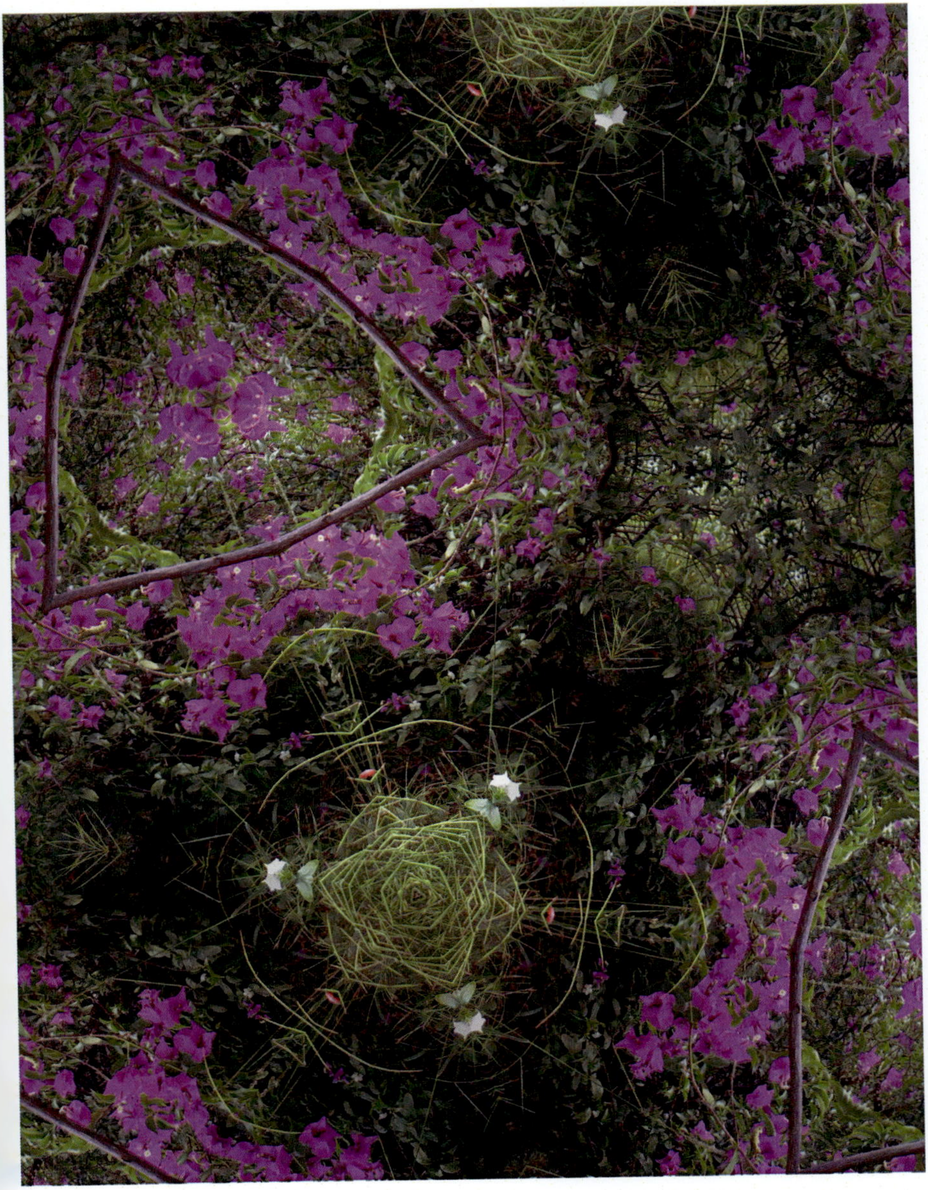

A RÁDIO RELÓGIO

Cada minuto que passa é um milagre que não se repete. Fernando dizia isto há mais de vinte anos, da sala de locução da Rádio Relógio Federal para os lares onde chegavam as ondas médias de 586 metros e frequência de 580 Kilohertz, emitidas pelo gerador de hora falada e amplificadas pelas antenas da cidade.

Ria-se muito por seus amigos e conhecidos acharem ser de sua autoria a bela frase, e também por sua vida pacata e regular. Desafiando a si próprio, a máxima pela qual os ouvintes esperavam a cada hora.

Morava em Vila Isabel, próximo ao Morro dos Macacos, num tempo em que os traficantes ainda não dominavam a região. Um lugar tranquilo, cheio de goiabeiras, onde o único problema eram as chuvas que varriam as areias do morro ladeira abaixo e as depositavam em frente à sua casa. Mas nada que uma pá e a ajuda dos vizinhos não resolvessem. Afora isto, tinha uma noiva há sete anos, sem a menor vontade de casar, mas isto não chegava a ser um problema, com jeito tudo se resolveria.

Ao final do expediente, reunia-se com os colegas de trabalho e conversavam. Ultimamente, vinham falando sobre os rumores de que a Rádio Relógio iria ser vendida para um grupo de empresários de São Paulo. Fernando dizia:

— Não acredito. Isto é para nos amedrontar e não pedirmos aumento de salário.

O tempo foi passando e nada acontecia de diferente nem na Rádio Relógio nem na vida de Fernando.

Certo dia, sua noiva perdeu a paciência de esperar pelo casamento. Já estava com vinte e oito anos, daqui a pouco estaria velha para arranjar marido. Vestiu-se de noiva, alugou um carro e foi para Vila Isabel. Parou em frente à casa, no pé do morro, sentou-se no batente e ficou esperando.

Fernando, como sempre, reuniu-se com os colegas após o trabalho e o assunto da venda da Rádio continuou.

— Estou sabendo que alguns companheiros nossos estão sendo contatados para permanecerem na Rádio após a venda. — falou um deles.

— Disseram que vão comprar um transmissor de 50 watts de ondas curtas. — disse outro.

Fernando continuou cético e calado. A seu ver, nada iria mudar. Isto a vida lhe ensinou e, enquanto seus colegas discutiam, ele pensava com seus botões que a formiga pode levar setenta vezes o seu peso; que a pulga consegue pular trezentas e cinquenta vezes o comprimento do seu corpo; e que a luz do Sol demora aproximadamente oito minutos e meio para chegar à Terra.

O tempo começou a fechar e Fernando resolveu voltar para casa. Chovia grosso quando pegou o ônibus para Vila Isabel. Da esquina da rua, viu uma mulher vestida de noiva, toda molhada, no batente da sua casa. Era Beth, sua noiva, ouvindo a Rádio Relógio, provavelmente para controlar os seus horários.

Um imenso carinho toma conta de Fernando. Tem vontade de dizer-lhe coisas bonitas e que a ama. Caminha ladeira acima com o intuito de surpreender a noiva, mas, antes mesmo que chegue a casa e diga alguma coisa, ouve um estrondo, sente uma pancada surda puxando-o para baixo. Um grande barranco de terra desce abruptamente pela rua soterrando a sua casa, soterrando Beth e, por fim, o soterrando. Sua noiva é um ponto branco em frente à casa de pintura descascada. Fernando desaparece debaixo de grandes camadas de terra molhada.

Na Barão de São Francisco, dá apenas para ouvir os gritos de socorro dos moradores e a Rádio Relógio: Cada minuto que passa é um milagre que não se repete.

Este livro foi composto
em Filosofia e publicado
no inverno de 2016

Impressão e acabamento

*psi*7 | Book7